왕초보자도 누구나 가능한

GPT로 코딩하기

김수미 지음

이영선창작스튜디오

> "ChatGPT는 인공지능 시대의 새로운 도래를 알리는 지적 혁명의 서막이다."
>
> ChatGPT Heralds an Intellectual Revolution
>
> — Henry Alfred Kissinger —

특이점의 시대가 다가오고 있습니다. 인공지능이 사람의 능력을 뛰어넘는 그날, 미래학자 레이 커즈와일은 2045년을 특이점의 시대로 예언했습니다. 그러나 이러한 변화는 chatGPT와 같은 인공지능의 등장으로 더욱 가속화되고 있습니다.

기술의 발전 속도는 정말 빠릅니다. 하루에도 여러 개의 서비스가 출시되고 업그레이드되는 속도에 따라 환경 또한 지속적으로 변화하고 있습니다. 책을 쓰는 도중에도 많은 변화에 글을 여러 번 수정하며 작업했습니다.

지금은 인공지능을 활용할 줄 아는 사람과 모르는 사람, 심지어 전혀 모르는 사람이 있습니다. 하지만 이제는 누구나 활용할 줄 알아야 하는 시대가 되었습니다. 그럼에도 프로그래밍을 잘 모르는 사람들은 chatGPT와의 상호작용에서 무엇을 물어봐야 할지를 몰라서 시도도 못해보는 경우가 많습니다. 프롬프트(질문)의 중요성은 매우 크며, 어떻게 질문해야 하는지를 알지 못하면 원하는 답을 얻기가 어렵습니다.

그래서 누구나 코드를 작성하고 다양한 시도를 해볼 수 있도록 구성했습니다. 프로그래밍의 기초를 익히고, chatGPT를 활용하는 방법을 안내합니다.

프로그래밍을 처음 배우는 학생들이 독학하기 어려운 현실에 대응하기 위해, chatGPT가 도움을 충분히 제공할 수 있는 세상이 다가왔습니다.

GPT로 코딩하기

PREFACE

책을 통해 프롬프트를 작성하고 코드를 실행해 보면서 실제로 프로그래밍을 체험하고 익힐 수 있습니다. chatGPT가 코드를 작성하는 일은 도움이 되지만, 그 코드를 이해하고 응용할 수 있도록 하는 것은 무엇보다 중요합니다. 이 책은 초급자를 대상으로 인공지능의 원리보다는 실제 응용 측면에 초점을 맞추어 작성하게 되었습니다.

프로그래밍 언어를 배우는 과정에서 발생하는 어려움에 대한 도움을 chatGPT를 통해 제공하고자 했습니다. 실제 대부분의 예시를 chatGPT를 통해 제작했습니다. 책을 통해 코드를 작성하고 실행해 보면서 오류를 찾고 수정하는 과정을 함께 해 보면서 익히시면 좋겠습니다.

또, 인공지능의 원리에 대한 어려움을 넘어서, 어떻게 이 기술을 실제로 활용할 수 있는지에 대한 것이 더 중요한 시기가 되었습니다. 예를 들어, 압력 전기밥솥을 사용한다면 그것이 만들어지는 원리보다는 어떤 맛있는 요리를 만들 수 있는지에 초점이 맞춰지는 것처럼요.

이 책을 통해 인공지능과 코딩에 대한 지식뿐만 아니라, 이를 실제로 응용하는 방법을 체험하며 새로운 가능성을 발견해 보세요. 아무쪼록 미래를 준비하는 마음으로 AI를 활용해 다양한 아이디어를 모색하고 프로그래밍에서도 유익한 방향으로 이끌어 가는 데 도움이 되시길 바랍니다.

저자 김수미

목차

PREFACE ··· 5

생성형 AI시대 ··· 8
chatGPT 활용하기 ·· 10
프롬프트 엔지니어 ·· 20
다양한 생성형 AI ··· 34
코딩시작전 컴퓨터기초부터 ··· 48
개발환경 셋팅하기 ·· 52
파이썬이란 ·· 62
파이썬 기초학습을 위한 노트 다운로드 ····································· 63
Colab AI활용 ·· 66

파이썬 기초 이해하기1 변수와 기본 자료형 ····························· 70
파이썬 기초 이해하기2 자료구조 ·· 84
파이썬 기초 이해하기3 조건문 ·· 92
파이썬 기초 이해하기4 반복문 ·· 96
파이썬 기초 이해하기5 함수 ·· 103
파이썬 기초 이해하기6 모듈 ·· 113
파이썬 기초 이해하기7 클래스 ··· 118
파이썬 기초 이해하기8 파일 ·· 123
파이썬 기초 이해하기9 예외처리 ··· 126

GPT 로 코딩하기1 로또번호 생성기 만들기 ·· 128

GPT 로 코딩하기2 파이썬 웹크롤링 ·· 133

GPT 로 코딩하기3 QR코드 생성기 ·· 140

GPT 로 코딩하기4 오토마우스 카카오톡 자동화 프로그램 ················ 142

GPT 로 코딩하기5 지렁이 게임 만들기 ·· 146

GPT 로 코딩하기6 판다스 시각화 ·· 150

GPT 로 코딩하기7 API 활용하기 ·· 157

파이썬 오류 ·· 165

구글 시트에서 GPT 활용 ·· 169

chatGPT Plus 활용 ··· 179

인공지능 윤리 ··· 190

기타 도움 될만한 정보 ·· 192

01
생성형 AI시대

생성형 AI란 인공신경망을 이용해서 새로운 데이터를 생성해 내는 인공지능 기술을 말한다. chatGPT 같은 대화형 챗봇 AI가 있고 이미지 생성 AI, 영상 생성 AI, 음성합성 AI 등 뭔가를 만들어내는 생성형 AI는 처음에는 각자 하나씩의 기능들로 발달해오다가 두 가지 세 가지가 합쳐지는 멀티 모달의 시대가 시작되었다. 글 생성 AI가 이미지도 함께 생성해 주기도 하고, 글 생성 AI와 애니메이션 만들기, 글 생성 AI와 동영상 제작, 이렇게 여러 가지 능력이 합쳐지기 시작했다.

오픈 AI에서 개발한 대형 언어 모델인 GPT 기반의 대화형 인공지능 챗봇 chatGPT은 머신러닝을 통해 방대한 데이터를 사전학습하여 사람이 쓴 것처럼 의미 있는 텍스트를 생성할 수 있게 만들어졌다. chatGPT의 성과도 대단하다. 미국 와튼스쿨의 MBA를 통과했으며 미국 미네소타 로스쿨 시험 통과, 의사면허시험 통과, 학술 논문의 공동 저자로 등재, 등 많은 성과를 내고 있다.

먼저, chatGPT의 장점은 광범위한 주제 처리가 가능하다는 점이다. 인간과 자연스럽게 대화가 가능한 높은 수준의 자연어 처리 능력을 보여주었지만 GPT-3 버전이 오픈되었을 때에는 약간의 대화 어색함이 있었는데 사람을 투입해 강화 학습이 진행되었다. 간단하게 설명하자면 답변이 나왔을 때 '잘함', '못함'을 체크해서 학습을 더 강화시켰더니 사람이랑 대화하는 수준이 향상되었다. 결과적으로 GPT-3.5 버전에서는 이러한 개선이 반영되어 더 자연스럽고 효과적인 대화를 제공하게 되었다. 현재는 GPT-4, GPT-4-turbo 버전까지 오픈되어 있다.

광범위한 주제 처리 덕분에 chatGPT는 다양한 산업 분야에서 활용되고 있다. 특히 고객서비스, 마케팅, 판매, 교육, 의료 등에서 빠르게 반응하여 업무 효율성을 향상시키고 있다. chatGPT는 질문의 맥락을 이해하고 일관성을 유지하는 능력이 뛰어나며, 대화의 의도를 정확하게 파악하고 답변을 이어 나갈 수 있다. 그러나 주제가 변경될 경우에는 초기화를 통해 새로운 대화를 시작하는 것이 좋다.

또한, chatGPT는 코딩에 아주 뛰어나며 프로그래밍 언어에 대한 높은 이해도를 바탕으로 문제 해결에 도움을 줄 수 있다. 다양한 코드 예시를 제공하고 디버깅 지원, 언어 학습 도구로 활용되며, 프로젝트 아이디어를 제공할 수도 있다. 이는 chatGPT가 기술적인 도움을 필요로 하는 사용자들에게 특히 유용한 특징 중 하나다.

최근 미국 NVIDIA CEO 젠슨 황이 "컴퓨터 공학 전공하지 마세요. 프로그래밍을 할 필요가 없도록 하는 것이 우리의 일입니다. 이제 세상의 모든 사람은 프로그래머가 되었고 이것이 인공지능의 기적입니다. 우리는 격차를 줄였고 이제 기술 격차는 완전히 해소되었다고 할 수 있습니다."라고 말했다. 그 정도로 chatGPT를 활용하면 누구나 프로그래머가 될 수 있다.

02
chatGPT 활용하기

chatGPT활용하기

chatGPT를 활용해 보자. 먼저 openai.com 사이트로 이동한다.

아직 가입 전이라면 로그인을 누르고 가입하기를 누른 후 'Google 계정으로 계속'을 눌러서 가입하는 것을 추천한다. 대부분의 AI 관련 사이트는 Google 계정으로 가입해 두는 것이 활용하기에 좋다.

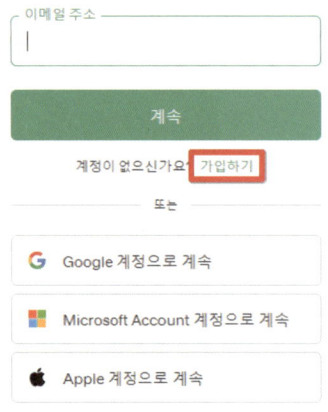
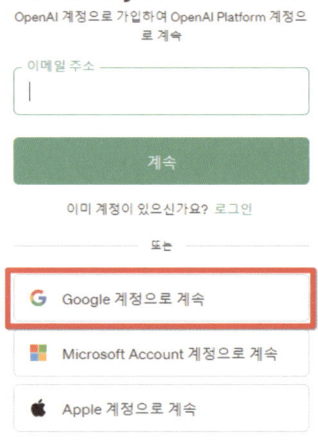

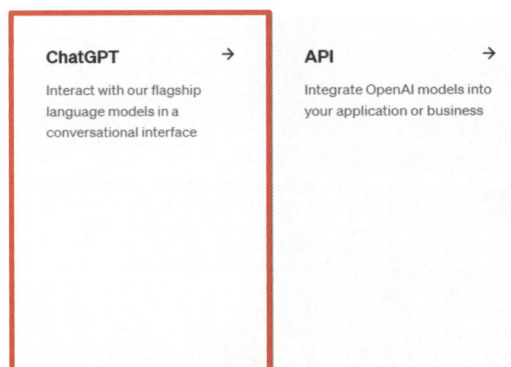

chatGPT를 선택하면 아래와 같은 화면이 나온다.

① chatGPT에게 명령을 내리는 프롬프트창이다.
② 새로운 주제의 채팅을 할 때 눌러서 활용한다.
③ 이전의 대화 목록이다. 이전 대화에서 계속 대화를 이어가고 싶으면 원하는 대화를 선택한다.

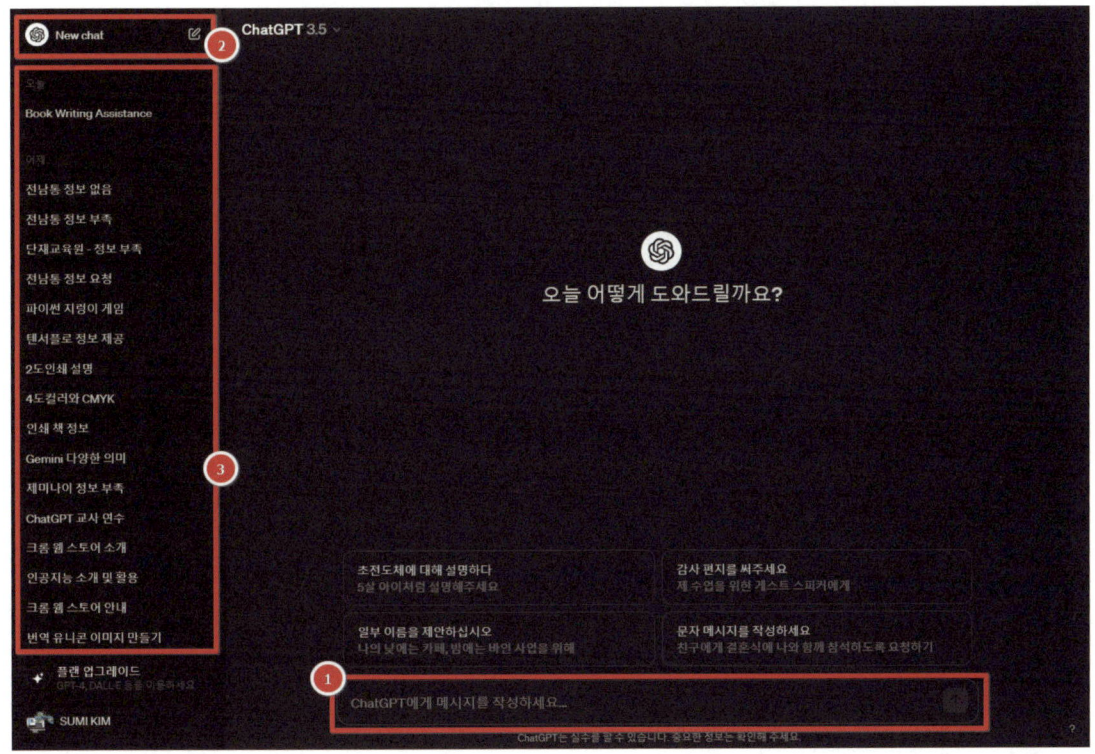

어떤 질문을 할까

어떤 질문을 하면 답변을 잘 할까? 먼저 프롬프트창 위에 예시를 몇 개 제시해주니까 눌러서 확인해 보는 것도 좋다. 뭐든 물어보는 것도 좋지만 openai 사이트에 소개 페이지에서 볼 수 있는 다양한 질문 목록을 먼저 살펴보자.

협상하는 법을 가르쳐주세요

어휘에 대해 퀴즈를 내보세요.

코스타리카로 서핑 여행 계획하기

감사 편지 초안 작성

이 코드를 설명해보세요

하프마라톤 훈련을 도와주세요

이 조리법을 그리스어로 번역하세요

작은 아파트에 적합한 개 품종 순위 지정

재미있는 저녁 파티를 계획하는 데 도움을 주세요

소셜 미디어 콘텐츠 달력 초안 작성

팝콘이 터지는 이유를 설명해보세요

십대들을 위한 홍콩 여행 일정을 계획해보세요

데이터베이스 스키마 설계

간편한 포트럭 요리 추천해주세요

예산을 세우는 데 도움을 주세요

내 단편소설을 평가해 주세요

부드러운 허리 스트레칭 찾기

이 레시피를 채식으로 만드세요

내가 5살인 것처럼 옵션 거래를 설명하세요

할로윈 의상 고르는 걸 도와주세요

정중하게 거절 이메일을 작성하세요

판타지 축구팀 이름 생성

비행기 난류에 대해 설명해보세요

스프레드시트 수식 작성

창의적 글쓰기, 마라톤 훈련, 여행 계획, 수학 튜터링 등 단일 목적에 맞게 맞춤화된 수백 개의 GPT 중에서 선택할 수 있다. GPT를 구축하는 데에는 코드가 필요하지 않으므로 간단한 지침만 있으면 거의 모든 용도로 GPT를 만들 수 있다.

- 게임시간 - 모든 연령대의 플레이어에가 보드나 카드 게임을 빠르게 설명할 수 있음.
- 협상가 - 스스로를 옹호하고 더 나은 결과를 얻을 수 있도록 도와줌.
- 문예창작 코치 - 내용을 읽고 내용을 향상시킬 수 있는 피드백을 줄 수 있음.
- 기술지원 고문 - 프린터 설정부터 장치 문제해결까지 단계별로 도움을 줄 수 있음.
- 세탁 친구 - 얼룩, 셋팅, 분류, 세탁에 관한 모든 것을 알려줄 수 있음.
- 부 주방장 - 좋아하는 음식의 레시피, 가지고 있는 재료를 바탕으로 레시피를 만들어 낼 수 있음.
- 스티커 위즈 - 스티커를 만들어 문앞까지 배송되도록 도와줄 수 있음.
- 수학 멘토 - 자녀의 수학 공부를 도와줄 수 있음. 여러가지 문제를 낼 수 있음.

chatGPT는 3.5 버전은 무료로 이용할 수 있고 그 이상 버전과 이미지 검색 이미지 만들기 등은 유료로 이용할 수 있다.

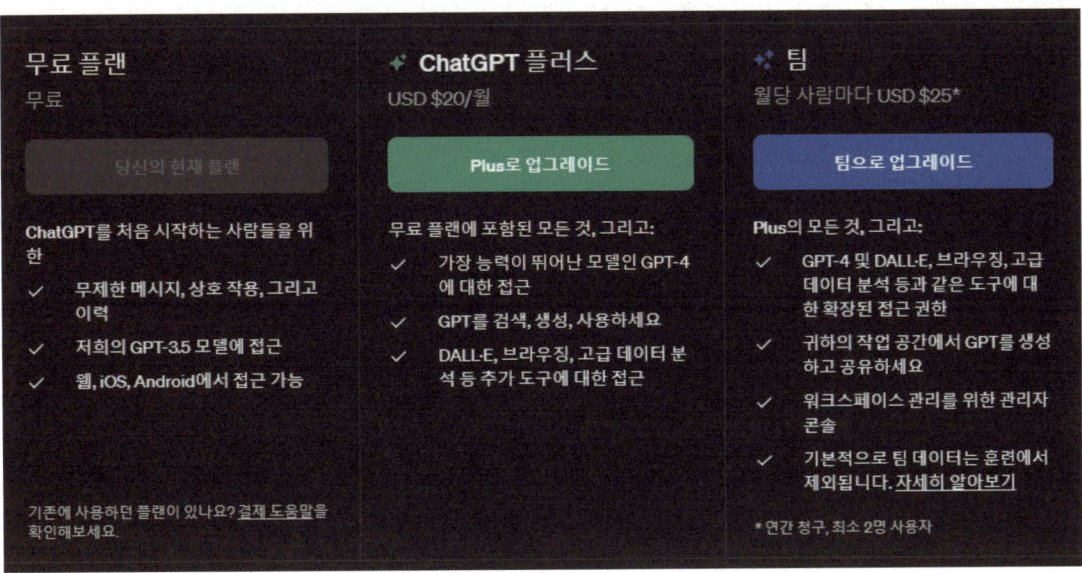

chatGPT를 코딩에 활용하는 방법을 5가지로 정리하자면 아래와 같다.

① 개념 대한 설명
② 테스트 코드 생성
③ 코드 리뷰 및 디버깅
④ 문제 해결 및 알고리즘 설계
⑤ 아이디어 제공

또, 파이썬 외에도 Java, C언어, C# 등등 다양한 언어에 대해서 질문할 수 있다. chatGPT가 예제 코드를 작성해 주면 Copy code를 눌러 바로 활용할 수 있다.

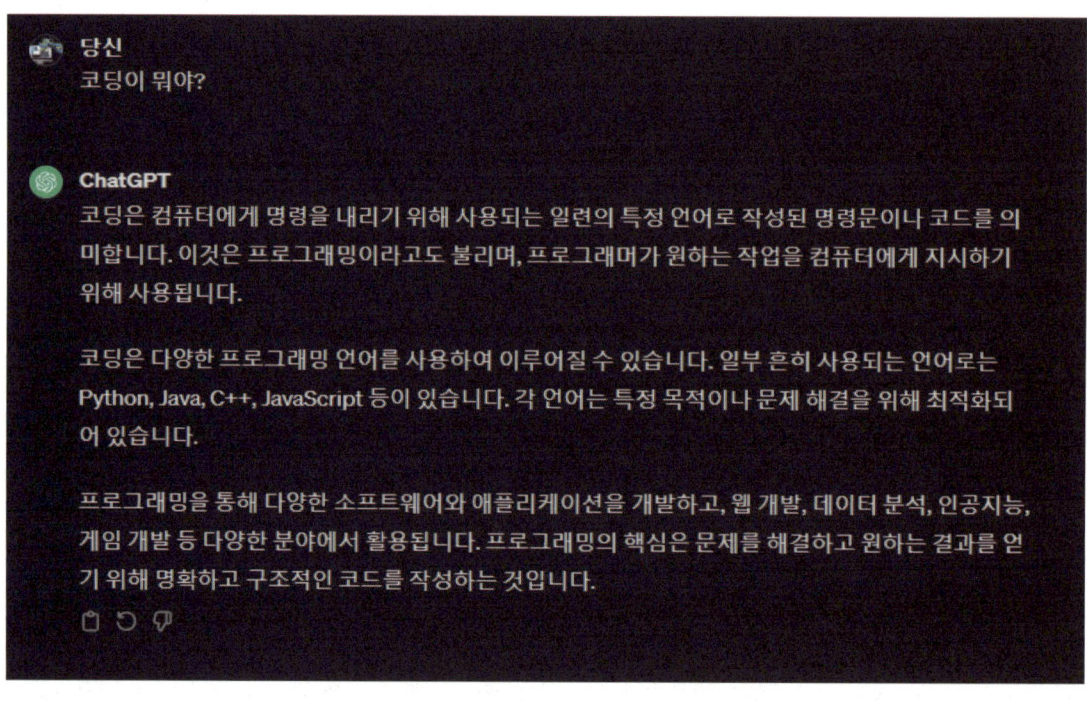

당신
아두이노로 엘리베이터를 구현하려고하는데 코드 작성해줘.

ChatGPT
엘리베이터를 아두이노로 구현하는 것은 복잡한 프로젝트일 수 있습니다. 엘리베이터는 다양한 센서, 모터 및 제어 시스템을 필요로 하기 때문입니다. 아래는 아주 간단한 아두이노 엘리베이터 시뮬레이션을 위한 기본적인 코드 예시입니다. 이 코드는 실제 엘리베이터 시스템이 아닌 단순한 예시일 뿐이며, 실제 프로젝트에는 더 많은 기능과 안전 기능이 필요할 것입니다.

```cpp
#include <Servo.h>

Servo elevatorServo;  // 서보 모터 객체 생성
int currentFloor = 1; // 현재 층 초기화

void setup() {
  elevatorServo.attach(9); // 서보 모터 핀 설정
  Serial.begin(9600);      // 시리얼 통신 초기화
}

void loop() {
  // 엘리베이터 동작 시뮬레이션
  goToFloor(3); // 3층으로 이동
  delay(2000);  // 2초 대기
  goToFloor(1); // 1층으로 이동
  delay(2000);  // 2초 대기
}

void goToFloor(int targetFloor) {
  if (targetFloor > currentFloor) {
    moveUp();
  } else if (targetFloor < currentFloor) {
    moveDown();
  }

  delay(1000); // 엘리베이터 이동 시간 대략적으로 설정

  currentFloor = targetFloor;
  stop();
}

void moveUp() {
  Serial.println("엘리베이터 이동 중: 위로");
  elevatorServo.write(90); // 서보 모터 각도 설정 (위로 이동)
}

void moveDown() {
  Serial.println("엘리베이터 이동 중: 아래로");
  elevatorServo.write(0); // 서보 모터 각도 설정 (아래로 이동)
}

void stop() {
  Serial.println("엘리베이터 정지");
  elevatorServo.write(45); // 서보 모터 각도 설정 (정지)
}
```

이 코드에서는 아두이노의 `Servo` 라이브러리를 사용하여 서보 모터를 제어하고, 간단한 엘리베이터 동작을 시뮬레이션합니다. 이 코드는 아두이노에 연결된 서보 모터가 필요하며, 각 층으로 이동할 때마다 각도를 조절하여 모터를 제어합니다.

이 예시 코드는 실제 엘리베이터의 동작을 정확하게 모사하지 않습니다. 실제 프로젝트에서는 각 층에 대한 센서, 안전 기능, 사용자 입력 처리 등을 추가로 구현해야 할 것입니다. 또한, 코드를 보완하여 엘리베이터의 상태를 더 자세히 모니터링하고 오류 처리 기능을 추가하는 것이 좋습니다.

당신
코드 분석해줘:
import pandas
from sklearn import linear_model

df = pandas.read_csv("sum_data.csv")

X = df[['num1', 'num2']]
y = df['sum']

regr = linear_model.LinearRegression()
regr.fit(X, y)

predicted_sum = regr.predict([[300, 1300],[200,400],[300,300]])

print(predicted_sum)

ChatGPT

이 코드는 Python 프로그래밍 언어를 사용하여 데이터를 분석하고 선형 회귀 모델을 훈련시키는 간단한 예제입니다. 주어진 CSV 파일("sum_data.csv")에서 데이터를 읽어와서 선형 회귀 모델을 훈련시키고, 그 모델을 사용하여 예측을 수행합니다.

여기서 간단한 코드 분석을 제공해드리겠습니다:

1. `import pandas`: 데이터를 다루기 위한 판다스 라이브러리를 임포트합니다.
2. `from sklearn import linear_model`: 사이킷런(scikit-learn) 라이브러리에서 선형 회귀 모델을 가져옵니다.
3. `df = pandas.read_csv("sum_data.csv")`: "sum_data.csv" 파일에서 데이터를 읽어와 DataFrame 형태로 저장합니다.
4. `X = df[['num1', 'num2']]`: 독립 변수로 사용할 열을 선택하여 X에 저장합니다.
5. `y = df['sum']`: 종속 변수로 사용할 열을 선택하여 y에 저장합니다.
6. `regr = linear_model.LinearRegression()`: 선형 회귀 모델을 생성합니다.
7. `regr.fit(X, y)`: X와 y를 사용하여 선형 회귀 모델을 훈련시킵니다.
8. `predicted_sum = regr.predict([[300, 1300],[200,400],[300,300]])`: 새로운 데이터에 대한 예측을 수행합니다.
9. `print(predicted_sum)`: 예측 결과를 출력합니다.

이 코드는 주어진 'num1' 및 'num2' 열을 사용하여 'sum' 열을 예측하는 선형 회귀 모델을 생성하고, 그 모델을 사용하여 주어진 세 개의 데이터 포인트에 대한 예측을 출력합니다.

당신
메모 관리 어플을 제작하려고하는데 알고리즘 설계해줘.

ChatGPT
메모 관리 앱을 만들기 위한 알고리즘은 다양한 기능을 포함할 수 있습니다. 아래는 간단한 메모 관리 어플을 위한 알고리즘 설계의 예시입니다.

1. 메모 추가 및 편집:
    - 사용자는 메모를 앱에 추가하고 편집할 수 있어야 합니다.
    - 메모는 제목, 내용, 작성 일자 등의 정보를 포함해야 합니다.
    - 이미 추가된 메모는 언제든지 수정이 가능해야 합니다.
2. 메모 목록 관리:
    - 사용자는 자신이 작성한 모든 메모를 볼 수 있는 목록을 확인할 수 있어야 합니다.
    - 메모 목록은 최신 메모부터 순서대로 정렬될 수 있어야 합니다.
    - 메모를 제목이나 작성 일자 등을 기준으로 필터링하고 검색할 수 있어야 합니다.
3. 메모 카테고리화:
    - 사용자는 메모를 카테고리로 분류하여 정리할 수 있어야 합니다.
    - 메모는 여러 개의 카테고리에 속할 수 있고, 한 카테고리에 여러 메모가 속할 수 있어야 합니다.
    - 사용자는 카테고리를 추가하고 편집할 수 있어야 합니다.
4. 알림 및 기한 설정:
    - 사용자는 메모에 알림을 설정하고, 특정 날짜나 시간에 메모를 기한까지 완료해야 하는 것으로 표시할 수 있어야 합니다.
    - 알림은 사용자가 설정한 시간에 따라 푸시 알림이나 다른 형태로 발송되어야 합니다.
5. 삭제와 복원:
    - 사용자는 더 이상 필요하지 않은 메모를 삭제할 수 있어야 합니다.
    - 삭제한 메모는 휴지통이나 별도의 삭제된 항목에서 볼 수 있고, 필요시 복원할 수 있어야 합니다.
    - 휴지통 비우기 기능을 통해 영구적으로 삭제할 수 있어야 합니다.
6. 동기화 및 백업:
    - 사용자의 메모는 여러 기기에서 동기화되어야 합니다.
    - 주기적으로 백업을 수행하거나, 클라우드 서비스를 활용하여 안전하게 메모를 저장할 수 있어야 합니다.
7. 보안 및 개인 정보 보호:
    - 사용자의 메모는 안전하게 보호되어야 합니다. 비밀번호, 지문 인식, 또는 얼굴 인식과 같은 보안 기능을 제공할 수 있습니다.

이러한 알고리즘 설계는 사용자 경험과 편의성을 고려하여 조정될 수 있습니다. 또한, 앱의 목적 및 추가적인 기능에 따라 더 복잡한 알고리즘이 필요할 수 있습니다.

당신
탄소 중립 환경데이터 활용 아이디어 공모전에 나가려고하는데 아이디어 5개만 정리해줘.

ChatGPT
1. **친환경 교통 수단 지원 앱:**
   - 모든 교통 수단의 탄소 배출량을 실시간으로 제공하는 앱 개발
   - 사용자가 환경에 더 친화적인 교통 수단을 선택할 수 있도록 안내
   - 적은 탄소 배출량을 가진 교통 수단 이용 시 사용자에게 포인트 제공 및 보상 시스템 도입
2. **지속가능한 소비 습관 형성 앱:**
   - 제품의 생산 과정과 운송에 따른 탄소 배출량을 제공하는 앱
   - 소비자가 친환경 제품을 선택할 수 있도록 정보 제공
   - 소비자가 환경에 미치는 영향을 계산하여 지속가능한 소비 습관 형성을 도와주는 기능 제공
3. **탄소 중립 여행 플랫폼:**
   - 여행지의 탄소 중립 여부를 평가하고 제공하는 플랫폼 개발
   - 탄소 배출을 최소화하는 여행 경로 및 활동을 추천
   - 여행 기업과 협력하여 탄소 중립 여행 상품 개발 및 판매
4. **지역 커뮤니티의 탄소 중립 경쟁:**
   - 지역 사회 간의 친환경 경쟁을 촉진하는 플랫폼 구축
   - 지역마다의 탄소 중립을 경쟁하고 공동으로 개선하는 활동 지원
   - 참여한 지역에 대한 환경 향상 현황을 시각적으로 제공하는 대시보드 개발
5. **가상 식물 기반 식습관 캠페인:**
   - 식물 기반 식습관 캠페인을 통해 탄소 중립 식단을 유도하는 플랫폼 운영
   - 사용자에게 식물 기반 식품의 탄소 흡수 효과와 건강 이점을 안내
   - 참여자들 간의 경험 공유 및 식단 개선을 돕는 커뮤니티 기능 제공

이 아이디어들은 환경에 대한 인식을 높이고 탄소 중립을 실현하기 위한 다양한 분야에서의 참여를 촉진할 수 있습니다. 중립적이고 창의적인 방법으로 활용된다면 이러한 프로젝트들은 탄소 중립을 추구하는 데 기여할 수 있을 것입니다.

할루시네이션

chatGPT의 단점 중 "할루시네이션"이라는 단어는 "환각" 또는 "환상"을 나타내는 말로 사용된다. 오픈 초기에 "독도는 누구 땅이야"라는 질문에도 "독도는 한국 땅 다케시마는 일본 땅"이라고 대답하기도 했고 "세종대왕은 훈민정음의 초고를 작성하던 중 문서 작성이 중단되자 담당자에게 분노하며 맥북프로 노트북을 집어던졌습니다"라는 대답을 했던 사건이 있다.

이런 이슈가 생기면 계속해서 업데이트가 되기 때문에 조금씩 답변이 좋아지긴 하지만 chatGPT의 대답이 100% 정답이라고 믿으면 안 된다. 반드시 검증을 통해야 한다. GPT3.5버전의 경우는 2022년 1월까지의 데이터 학습으로 한정되어 있고 한국어는 영어보다 많지 않은 학습량 때문에 한계가 있다고 한다.

하지만, 현재 2024년 2월 기준으로 한국어 데이터 학습량도 점점 늘어나서 질문해 보면 답변을 잘 해주는 편이다. 단, 한국어로 질문할 때에는 한국어 문법에 잘 맞춰서 오타 없이 띄어쓰기를 잘 하고 마침표를 잘 찍어주면서 질문하는 것이 좋다. 물론 줄임말 사용도 하면 안 된다.

잘못된 답을 많이 하다 보니 사람들은 chatGPT를 "거짓말쟁이", "허풍쟁이"라는 식으로 말하기 시작했는데 GPT는 로봇, 인공지능, 프로그램일 뿐인데 인격화 시킨다는 것이 또 하나의 이슈가 되기도 했다. chatGPT는 그저 주어진 문장 패턴과 데이터에 기반하여 응답을 생성하고, 학습 데이터에 대한 지식을 제한적으로 가지고 있다. 사용자와의 상호작용에서 나오는 답변은 모델이 학습한 데이터와 문맥에 기반하여 생성된 것이며, 현재까지 개발된 인공지능은 인간과 다르게 독립적인 의지나 이해력을 가지지 않는다. 현재 인공지능의 한계와 윤리적인 측면에 대한 논의가 계속 진행되고 있고 사용자들이 인공지능과의 상호작용에 있어 현실적인 기대와 경계를 가지는 것이 중요하다.

03
프롬프트 엔지니어

chatGPT가 유행하면서 꼭 필요한 직업으로 새롭게 떠오른 것이 프롬프트 엔지니어링이다. 인공지능이 최적의 결과물을 낼 수 있도록 잘 명령하는 것이 중요한데 이때 어떤 프롬프트를 넣었을 때 가장 완벽한 결과물을 얻을 수 있는지 그것을 응용하고 만들어 내는 사람이 프롬프트 엔지니어다.

프롬프트 엔지니어에게 가장 필요한 역량은 논리적이고 체계적으로 질문을 잘 해낼 수 있는 능력, 원하는 결과물을 내기 위한 기초 지식, 코딩과 인공지능에 대한 기초적인 지식이다. 생성형 AI의 원리를 알아야 더 질문을 구체적으로 잘 해 낼 수 있을 것이기 때문이다.

실제로 프롬프트 엔지니어링을 뽑을 때 국어국문학과, 영어영문학과 등 문과생을 위주로 뽑는 경우가 많다. 꼭, 프롬프트 엔지니어가 되지 않더라도 누구에게나 무료로 사용할 수 있는 인공지능 챗봇 시대에 프롬프트 작성을 잘 해서 AI를 활용하는 방법은 매우 중요하다고 할 수 있다.

잘 쓰인 프롬프트를 모아 놓은 사이트들도 생겨나고 있다.
https://prompts.chat/ 영어로 되어 있는 사이트지만 참고해 보는 것도 좋다.

프롬프트 엔지니어링의 방법을 정리하자면 아래와 같다.

1. 챗 GPT에게 역할 부여하기
2. 목표 제시하기(블로그, 에세이, 유튜브, 요약, 분석 등)
3. 구체적인 대답 방법 제시하기 (예를 들어서 초등학생이 알 수 있도록)
4. 결과 형식 제시하기 (문단 구분, 글 머리 표 형식, 순서형 등)
5. 여러 작업을 한 번에 요청하기 ([output] 쓰고 추가)
6. 챗 GPT 대답 길이 제시(1000자 이내로)
7. 중요 키워드에는 "큰따옴표"로 강조
8. 대답에 따른 추가적인 질문 이어가기

작성한 프롬프트 예시를 보면서 이해해 보자.

 너는 어린이들을 대상으로 하는 과학신문기자야.
'양자물리학'을 주제로 헤드라인, 요약, 소제목으로 구성하고
[output] 내용을 초등학생도 알기 쉽도록 예를 들어 설명해줘.
[output] 소제목마다 3개의 키워드와 핵심 메세지를 넣어줘.

 헤드라인:
"신기한 세계의 문을 열다! 양자물리학이 알려주는 놀라운 이야기"

요약:
양자물리학은 아주 작은 입자들의 세계에서 벌어지는 신비로운 일들을 연구하는 학문이에요. 이 기사에서는 양자물리학이 무엇이며, 왜 그것이 중요한지 알아보겠습니다. 양자물리학은 마치 마법 같은 세계로 초대하며, 그곳에서는 빛도 이상한 행동을 하고, 물질도 마치 춤을 추는 것처럼 보일 거에요!

소제목 1: 양자물리학이란?
키워드: 입자, 행동, 세계
핵심 메세지: 양자물리학은 아주 작은 입자들이 어떻게 행동하는지를 연구하는 학문이에요. 이 작은 세계에서는 우리가 흔히 알고 있는 규칙이 다르게 적용돼요.

소제목2 빛의 신비로운 여행
키워드: 광자, 파동, 빛
핵심 메세지: 양자물리학에서 빛은 광자라는 작은 입자로 이루어져 있어요. 이 광자는 때때로 파동처럼 행동하기도 하고, 때로는 입자처럼 행동하기도 해서, 빛의 세계는 정말 신비로워요. ...

"바람시동인회 제1회 메타버스 전시회 열다"로 보도자료 1000자 이내로 작성해줘.

보도자료를 작성하더라도 구체적인 내용을 작성해 주는 것이 좀 더 좋은 답변을 받을 수 있다. 또, 예시를 들어 조금 더 맞춤 답변이 나올 수 있도록 하는 것도 기술이다.

 보도자료 작성:
바람시동인회 제1회 메타버스 전시회 열다.
바람시문학관, 박미라문학관, 바람시영상관, 시인의 방, 갤러리, 카페테리아로 구성.
ZEP 플랫폼을 활용.
11월 4일 오픈.
천안문화재단 문화예술창작지원금을 받아 진행.
바람시동인회는 2016년부터 천안에서 활동을 이어오고 있다.
카페테리아에서는 4행시 이벤트와 스탬프 이벤트가 진행된다.

 바람시동인회, 제1회 메타버스 전시회 개최 소식

바람시동인회가 자사의 창작물을 선보이는 제1회 메타버스 전시회를 개최한다고 밝혔습니다. 이 특별한 전시회는 바람시문학관, 박미라문학관, 바람시영상관, 시인의 방, 갤러리, 그리고 카페테리아로 다양한 콘텐츠로 구성되어 있습니다.

이번 전시회에서는 ZEP 플랫폼을 활용하여 창작물을 선보이며, 참가자들에게 현실과는 다른 차원의 예술 경험을 제공할 예정입니다. 바람시동인회는 이번 행사를 11월 4일에 공개하며, 이를 통해 메타버스의 매력과 예술의 새로운 형태를 체험할 수 있게 될 것입니다.

이번 전시회는 천안문화재단 문화예술창작지원금의 지원을 받아 개최되며, 바람시동인회는 2016년부터 지속적으로 천안에서 활발한 활동을 이어오고 있습니다.

특히, 카페테리아에서는 4행시 이벤트와 스탬프 이벤트가 예정되어 있어 참가자들은 창의적이고 다양한 활동에 참여하며 전시회를 더욱 즐길 수 있을 것으로 기대됩니다.
...중략

지역특화 코딩 컨텐츠를 제작하려고하는데 제목을 선정해야해. 각 지역의 특색과 역사를 배경으로 해서 아이디어를 구상해줘. 예시는 아래와 같아.

수암골 : 청주 수암골 벽화마을에 낙서를 한 범인을 찾아라
청석골 : 청주 청석굴에서 황금박쥐를 찾아라
상당산성 : 상당산성대첩
청남대 : 청남대 국화축제 꾸미기
정북동 토성 : 정북동 토성 노을 인생샷
청주고인쇄박물관 : 청주고인쇄박물관엔 직지가 산다고?
용화사 : 용화사 윤장대 진리의 바퀴 돌리기
활옥동굴 : 활옥동굴의 비밀을 찾아라
중앙탑사적공원 : 중앙탑사적공원 조각맞추기

해야할 내용은
화양구곡
문광저수지
수옥폭포
한지체험박물관
꿀벌랜드 꽃꿀모으기
산막이옛길 따라 떠나는
불빛공원

 1. 화양구곡: 물의 숨결, 화양구곡에서 생긴 일

배경: 화양구곡의 아름다운 자연 경관 속에서 펼쳐지는 실종 사건을 해결하며 지역의 자연과 역사를 탐험하는 코딩 모험.

2. 문광저수지: 미지의 신호, 문광에서의 해독

배경: 문광저수지에서 발견된 이상한 신호를 해독하고, 지역 특산물을 활용하여 문제를 푸는 코딩 퍼즐 대회.

3. 수옥폭포: 흐르는 코드, 수옥폭포에서의 코딩 탐험

배경: 수옥폭포에서 흐르는 물처럼 코드가 흐르는 독특한 프로그래밍 경진대회, 수옥폭포를 배경으로 한 독특한 코딩 챌린지.

4. 한지체험박물관: 한지의 흔적, 코딩으로 디자인하기

배경: 한지체험박물관에서 한지의 아름다움을 코딩으로 표현하는 창작 대회.

5. 꿀벌랜드: 꽃꿀 찾기 대작전, 꿀벌들의 비밀....중략

아래는 드론운용기초 대학생 커리큘럼인데 15주차로 구성해야해. 나머지 커리큘럼 안내해줘.

주차	교시	주제
1	1	드론(Drone)의 개요
	2	드론의 활용
	3	드론 안전사고사례
2	1	드론의 명칭과 용어
	2	드론의 원리
	3	드론 기구학 및 동역학
3	1	드론 조종기 파지법 익히기
	2	조종방식의 이해
	3	시뮬레이터 실습
4	1	모의비행 이착륙 및 호버링
	2	Pitch, Yaw, Roll, Throttle 조종실습
	3	단거리이동, 고도유지비행실습
5	1	중급 비행실습 삼각비행
	2	회전비행
	3	원주비행
6	1	실제 비행을 위한 SW Control App 제어법1
	2	실제 비행을 위한 SW Control App 제어법2
	3	드론 조종자 자격증
7	1	드론의 법규와 항공안전법
	2	조종자준수사항
	3	기체신고, 비행신고절차
8	1	중간고사

주차	교시	주제
10	1	드론의 센서 및 피드백 시스템
	2	드론의 센서 데이터 해석
	3	플라이트 컨트롤러와 펌웨어 업데이트
11	1	드론의 통신 시스템
	2	무선 통신 기술 및 주파수 사용
	3	드론 통신 보안
12	1	자동비행모드 및 미션플래닝 소개
	2	미션플래닝 도구 활용
	3	자동비행모드 실습
13	1	드론의 카메라와 영상 촬영 기술
	2	드론 영상편집 기술
	3	항공사진 및 영상 활용사례
14	1	드론의 응용 분야
	2	산업용 드론 활용 사례
	3	농업, 환경, 의료 등 다양한 분야에서의 드론 응용
15	1	드론 운용 및 비상 상황 대응

미디어 체험 사업계획서 작성해줘.

 미디어 체험 사업계획서는 사업의 목적, 시장 조사, 비전 및 미션, 사업 모델, 재무 계획 등에 대한 상세한 정보를 제공하는 문서입니다. 아래는 미디어 체험 사업계획서의 예시 구성입니다.

미디어 체험 사업계획서
1. 사업 소개
1.1 목적
미디어 체험 사업의 목적은 참가자들에게 다양한 미디어 형식을 체험하고 습득함으로써 창의적이고 효과적인 미디어 활용 능력을 키우는 것입니다.

1.2 비전
미디어 체험을 통해 참가자들이 현대 사회에서 필요로 하는 다양한 미디어 기술을 습득하고 창의적인 아이디어를 개발할 수 있는 인재로 성장할 수 있도록 지원하는 것을 목표로 합니다.

1.3 미션
미디어 체험을 통해 창의적이고 적극적으로 사고하며, 다양한 미디어 도구를 습득하는 데 필요한 환경과 지식을 제공하여 참가자들의 미디어 능력 향상을 촉진합니다.

2. 시장 조사
2.1 시장 세그먼트
미디어 체험은 교육, 기업 역량 강화, 취미 등 다양한 분야에서 수요가 있습니다. 주요 시장 세그먼트로는 학생, 전문가, 기업 직원 등이 포함됩니다.

2.2 경쟁 분석
현재 미디어 교육 시장에서의 경쟁사들과 그들의 강점, 약점, 기회, 위협을 분석하여 경쟁 전략을 수립합니다.

3. 사업 모델
3.1 서비스 제공
미디어 체험 강의 및 워크샵
맞춤형 기업 교육 프로그램
온라인 플랫폼을 통한 동영상 강의 및 자료 제공
3.2 수익 모델
수강료
기업 교육 서비스 수수료
온라인 플랫폼 이용료

4. 마케팅 및 홍보
4.1 대상 고객 확보 ...중략...

시집 홍보 마케팅 전략 알려줘.

 시집 홍보를 위한 효과적인 계획을 수립하는 것은 중요한 단계입니다. 아래는 시집 홍보를 위한 일반적인 계획의 예시입니다.

목표 설정:
어떤 시장이나 독자층을 대상으로 할지 명확한 목표를 설정하세요.
판매량 증가, 브랜드 인지도 확보, 특정 이벤트에 맞춘 홍보 등을 고려해보세요.

대상 독자 식별:
시집의 주요 특징과 내용을 고려하여 어떤 독자층에게 맞춰져 있는지 식별하세요.

디지털 마케팅:
웹사이트 제작 및 개선: 전문적이고 매력적인 웹사이트를 제작하여 시집에 대한 정보를 쉽게 얻을 수 있게 합니다.
소셜 미디어 활용: 페이스북, 인스타그램, 트위터 등의 플랫폼을 활용하여 시집의 내용을 홍보하세요.
블로그 글 작성 및 공유: 시집과 관련된 주제에 대한 블로그 글을 작성하여 독자들에게 유용한 정보를 제공하세요.

오프라인 마케팅:
이벤트 참여: 책 출간 이벤트, 독서 모임, 작가 서명회 등 다양한 이벤트에 참여하여 시집을 홍보하세요.
서점 협력: 서점과 협력하여 시집을 전시하고 프로모션을 진행하세요.
언론 홍보: 신문, 잡지, 라디오 등에서 시집에 대한 기사를 나오도록 언론홍보를 활용하세요.

콘텐츠 마케팅:
블로그, 소셜 미디어, 유튜브 등에서 시집과 관련된 다양한 콘텐츠를 제작하여 공유하세요.
독자 리뷰 및 평가를 활용하여 긍정적인 피드백을 얻고 홍보에 활용하세요.

콜라보레이션과 스폰서십:
유명한 작가, 블로거, 유튜버 등과의 콜라보레이션을 통해 시집을 소개하고 홍보할 수 있습니다.
적절한 파트너십 협약을 통해 다양한 채널에서 시집을 홍보하세요.

프로모션 및 할인 이벤트:
출간 기념 할인 이벤트나 특별 프로모션을 통해 독자들에게 가치를 제공하세요. 리뷰어나 독자들에게 미리 시집을 제공하여 리뷰어 리뷰를 확보하세요.
...중략...

논문 분석 해줘. A Review of Intelligent Tutorial Systems in Computer and Web-based Education (논문 붙여넣기)

 이 논문은 "A Review of Intelligent Tutorial Systems in Computer and Web-based Education"이라는 제목으로 출판되었습니다. 아래는 해당 논문의 초록(Abstract) 내용에 대한 간략한 분석입니다.

논문 초록 분석:

목적과 범위:
논문의 목적은 Intelligent Tutorial Systems (ITS)에 대한 문헌고찰을 제공하고, 컴퓨터 및 웹 기반 교육에서의 적용과 사용성에 대한 관점에서 이를 검토하는 것입니다. 논문은 ITS가 교육 및 학습 활동에서 어떻게 사용되며, 학생과 교사의 요구사항을 어떻게 해결하는지를 다루고 있습니다.

ITS 개념과 목적:
ITS는 통합 및 복잡한 시스템으로, 인공 지능 (AI)의 접근 방식과 방법을 사용하여 교육 및 학습 활동의 문제 및 요구를 해결하기 위해 설계되었습니다. 학생의 지식 수준 및 학습 전략을 평가하여 학생의 오해를 감지하고 수정하는 데 기여합니다.

종합적인 문헌 고찰 방법:
논문에서는 전통적인 인쇄 및 디지털 문학에 대한 고찰 및 대학 및 디지털 저장소에서의 논문 및 연구 검색을 수행하여 ITS 및 e-Learning 시스템에 관한 문헌을 종합적으로 검토합니다.

주요 키워드:
논문의 주요 키워드로는 "Intelligent learning systems", "computer-assisted learning environments", "web-based education" 등이 나열되어 있습니다.

미래 방향성과 제안:
논문은 ITS의 현재 동향 및 미래 연구 방향을 제시하고, ITS의 교육에서의 중요성과 기여에 대한 논의를 제공합니다.

논문 전체 분석:

섹션 구성:
논문은 II ~ VI 섹션으로 구성되어 있습니다. II 섹션에서는 Intelligent Tutorial Systems의 기초를 설명하고, III 섹션에서는 교육에서 개발된 ITS에 대한 검토가 이루어지며, IV 섹션에서는 일부 개발 사례를 묘사하고 분석합니다. V 섹션에서는 토론이 이루어지고, VI 섹션에서는 결론이 도출되며 논의 및 의견이 제시됩니다. ...중략...

엑셀 설문조사 데이터를 받았는데 전화번호 표시형식이 다 달라서 000-0000-0000으로 통일하려고 해 하는 방법 알려줘.

 엑셀에서 전화번호를 일관된 형식으로 통일하는 방법은 다양합니다. 여러 가지 방법 중 하나를 선택하여 사용할 수 있습니다. 아래에는 두 가지 주요 방법을 안내합니다.

방법 1: 수식 및 텍스트 함수 사용

새로운 열 추가:
먼저, 전화번호를 통일할 새로운 열을 추가합니다.
아래 수식을 새로운 열에 입력:

=TEXT(VALUE(SUBSTITUTE(SUBSTITUTE(SUBSTITUTE(A2, "-", ""), "(", ""), ")", "")), "000-0000-0000")

여기서 A2는 원래 전화번호가 있는 열 및 행입니다. 이 수식은 전화번호에서 괄호 및 대시를 제거하고 일관된 형식인 "000-0000-0000"으로 변환합니다.

해당 수식을 모든 셀에 복사:
입력한 수식을 새로운 열의 첫 번째 셀에 입력한 후, 해당 셀을 선택한 상태에서 마우스를 사용하여 아래로 내리거나, 셀의 우측 하단에 있는 작은 네모를 드래그하여 모든 셀에 수식을 복사합니다.

방법 2: 텍스트를 열의 길이에 따라 자르기

새로운 열 추가:
마찬가지로, 전화번호를 통일할 새로운 열을 추가합니다.
아래 수식을 새로운 열에 입력:

=LEFT(SUBSTITUTE(MID(A2,1,12), "-", ""), 12) & "-" & MID(A2,13,4)

이 수식은 전화번호에서 괄호 및 대시를 제거하고 일관된 형식인 "000-0000-0000"으로 변환합니다.

해당 수식을 모든 셀에 복사:
입력한 수식을 새로운 열의 첫 번째 셀에 입력한 후, 해당 셀을 선택한 상태에서 마우스를 사용하여 아래로 내리거나, 셀의 우측 하단에 있는 작은 네모를 드래그하여 모든 셀에 수식을 복사합니다.
이러한 방법 중 하나를 선택하여 적용하면 전화번호가 일관된 형식으로 변경됩니다. 원본 데이터를 변경하기 전에 새로운 열에 수식을 적용하여 결과를 확인한 후, 만족스러우면 필요에 따라 원래의 전화번호 열을 삭제하거나 덮어쓰는 등의 조치를 취할 수 있습니다.

 5성급 호텔 요리사가 되어 밀푀유나베 레시피 알려줘.

5성급 호텔에서 제공되는 음식은 특별하고 정교하며 맛과 서비스가 뛰어나야 합니다. 밀푀유나베 역시 고급 버전으로 풍성하고 특별한 재료로 구성될 수 있습니다. 아래는 5성급 호텔에서 제공될 만한 고급 밀푀유나베 레시피입니다.

재료:
홍합 200g
전복 150g
삼겹살 또는 특급 쇠고기 슬라이스 200g
새우 150g
굴 100g
무 1/2개 (얇게 채썰기)
대파 1대 (흰 부분 다진 것)
마른 해조류 (다시마, 톳 등) 20g
미역 20g
샤브샤브용 육수 6컵

양념:
일본간장 4큰술
미리 만든 다시마 육수 1컵
일본 맛술 또는 백포도주 2큰술
설탕 2큰술
소금 1/2작은술
마늘 3개 (다진 것)
간장 1큰술
고추장 2큰술

조리 방법:
다시마와 미역을 찬물에 불려 물기를 빼고 준비한다.
냄비에 샤브샤브용 육수를 붓고 다시마, 미역, 대파를 넣어 끓인다.
홍합, 전복, 삼겹살, 새우, 굴을 예쁘게 담아 끓는 물에 살짝 데친다.
간장, 일본간장, 맛술, 설탕, 소금, 마늘, 간장, 고추장을 섞어 양념을 만든다.
양념을 끓고 있는 냄비에 넣고 약간 끓인다.
무를 넣고 끓인 뒤, 쇠고기 슬라이스를 넣어 익힌다.
마지막으로 대파를 넣고 샤브샤브를 완성한다.

이렇게 특급 재료와 정교한 양념을 사용하여 만든 5성급 호텔용 밀푀유나베는 풍부한 맛과 향을 자랑합니다.

제주도 가족여행을 기획하고 있어. 초등 어린이 2명과 어른들을 모시고 가는 여행이야. 4박 5일 일정으로 봄 체험 여행 계획을 세워줘. 맛집도 잊지말고 넣어줘.

 멋진 제주도 가족여행을 계획하셔서 좋습니다! 봄의 아름다운 제주도에서 즐거운 시간을 보낼 수 있도록 다양한 활동과 맛집을 포함한 일정을 제안해 드립니다.

1일차: 도착 및 휴식
제주도 도착 후 숙소 체크인 및 휴식
주변에 위치한 해변이나 공원 산책
근처 맛집에서 제주 특산물을 즐기며 저녁 식사

2일차: 제주의 아름다운 자연 감상
아침 식사 후 성산일출봉 방향으로 이동
성산일출봉에서 아름다운 일출 감상
성산일출봉 주변의 돌문화공원과 함께 산책
오후에는 섭지코지로 이동하여 해안가 산책
저녁은 섭지코지 일대의 맛집에서 특색 있는 음식 즐기기

3일차: 체험과 문화체험
아침에는 제주도 전통 풍경을 감상할 수 있는 한라봉밭과 유리의 성을 방문
오후에는 제주도 전통 체험 마을에서 한복 체험 및 전통 공예 활동
저녁은 마을 주변의 식당에서 지역 특산물을 활용한 식사

4일차: 오름과 테마파크
아침 식사 후 오름 등반을 통한 아름다운 제주 풍경 감상
오후에는 테마파크(예: 제주 신화월드)에서 가족끼리 즐길 수 있는 레저 및 엔터테인먼트 활동
테마파크 내의 맛집에서 저녁 식사

5일차: 바다와 이동
아침에는 제주도의 아름다운 바다를 즐길 수 있는 곳으로 이동하여 해변에서 휴식 및 산책
점심은 바다가 보이는 식당에서 신선한 해산물을 즐기며 여행의 마무리
오후에는 제주도를 떠나 공항으로 이동
제주도의 아름다운 자연과 다양한 체험 활동, 그리고 지역 맛집을 통해 즐거운 여행이 되시길 바랍니다!

포스팅을 재미있게 잘 보고 간다는 내용으로 블로그 방문 댓글 20개 만들어 줘.

 물론이에요! 다음은 재미있게 잘 보고 간다는 내용의 블로그 방문 댓글 20개입니다:

1. "오늘의 웃음을 선물해주셔서 감사합니다! 여러분 블로그 항상 즐겁게 보고 있어요."
2. "매번 블로그를 들리게 되면 언제나 새로운 발견이 기다리고 있어서 좋아요! 이번 포스팅도 정말 유쾌했습니다."
3. "블로그에 들리면서 마음이 편안해지는 기분이에요. 글쓴이님의 즐거운 이야기 덕분에 하루가 더 좋아졌어요."
4. "이런 긍정적인 글을 읽으면서 마음이 밝아졌어요. 블로그에 늘 들르는 건 행운이에요!"
5. "포스팅이 항상 재미있고 경쾌해서 블로그를 찾게 되는 거 같아요. 다음에 또 놀러올게요!"
6. "오늘도 여러분 블로그에서 웃음이 가득했어요. 글쓴이님의 유머 감각에 감탄해요!"
7. "이번 포스팅은 웃음이 끊이지 않아서 정말 좋았어요. 이런 유쾌한 이야기 더 많이 기대할게요!"
8. "매번 들러서 느끼는 건데, 여러분 블로그는 마치 오래된 친구를 만난 것 같아요. 항상 기분 좋게 떠납니다!"
9. "블로그에 들르면 마치 특별한 이벤트에 참여한 것처럼 기분 좋아져요. 오늘도 재미있게 읽었습니다!"
10. "오늘도 블로그에서 유쾌한 시간을 보내고 갑니다. 글쓴이님의 글은 언제나 기분을 환하게 만들어주네요."
11. "이런 즐거운 글은 정말 마음이 따뜻해져서 좋아요. 항상 감사합니다!"
12. "포스팅을 읽으면서 자꾸 웃음이 나와서 주변 사람들이 궁금해하는데, 블로그에서 배운 거죠!"
13. "글을 읽으면서 눈물 흘린 적도 있지만, 항상 긍정적인 에너지를 주셔서 감사합니다!"
14. "이런 유쾌한 블로그를 운영해주셔서 정말 감사합니다. 항상 즐겁게 읽고 갑니다!"
15. "포스팅이 항상 새롭고 흥미롭게 느껴져서 블로그를 찾게 되요. 앞으로도 기대할게요!"
16. "오늘도 여러분 블로그에서 즐거운 시간을 보내고 가요. 더 많은 유쾌한 이야기 기대합니다!"
17. "이렇게 재미있는 글을 매번 보여주셔서 정말 감사해요. 블로그에서 늘 힐링을 받아가고 있어요."
18. "매번 들를 때마다 다양한 주제로 놀라움을 주시는데, 정말 다재다능하시네요! 감사합니다."
19. "블로그에 들르면서 일상의 지루함을 잊게 되요. 글쓴이님의 글에 항상 힐링을 얻고 갑니다!"
20. "이번 포스팅도 너무 재미있게 읽었어요. 항상 새로운 이야기로 블로그를 찾게 되네요. 감사합니다!"

식물 관련 유튜브 컨텐츠 크리에이터가 되어서 유튜브 쇼츠 대본 만들어줘.

 물론이에요! 아래는 식물 관련 유튜브 쇼츠 대본의 예시입니다. 이를 참고하여 원하는 부분을 수정하거나 추가해주세요.

쇼츠 제목: "내 식물들에게 올바른 관리법 알려주기!"
인트로:(밝고 경쾌한 음악 소리)
호스트: 안녕하세요, 여러분! [채널 이름]의 [이름]입니다. 오늘은 여러분의 식물 친구들을 행복하게 키우기 위한 팁과 노하우를 공유하려고 해요. 그럼 시작해볼까요?

1. "식물 선택의 기준"
호스트: 먼저, 새로운 식물을 선택할 때 어떤 기준이 있는지 알아보겠습니다. 내 실내의 조건에 맞는 식물을 고르는 것이 중요해요.
(화면에 각 식물이 어울리는 조건과 예시가 나옴)
호스트: 이렇게 선택하면 식물과의 즐거운 시간이 시작되겠죠!

2. "적절한 환경 조성"
호스트: 이어서, 식물에게 적절한 환경을 조성하는 방법에 대해 알아볼게요. 적절한 조명과 습도는 행복한 식물 생활의 핵심이에요.
(화면에 식물 배치와 환경 설정하는 모습이 나옴)
호스트: 식물도 마치 우리처럼 편안한 환경에서 살아가길 원하죠!

3. "물주기의 비밀"
호스트: 이제는 식물에게 얼마나 자주 물을 주어야 하는지에 대해 이야기해볼게요. 많이 주는 것보다 적절한 양과 주기가 중요해요.
(화면에 물주기의 올바른 방법과 예시가 나옴)
호스트: 적절한 물주기로 건강한 식물을 키울 수 있답니다!

4. "가끔은 얘기도 해줘요"
호스트: 마지막으로, 식물에게 말을 걸어주는 것도 중요해요. 식물도 소리에 반응하거든요!
(화면에 호스트가 식물에게 말을 걸어주는 모습이 나옴)
호스트: 가끔은 식물에게 사랑의 말씀을 건네면 더 행복해지답니다!

아웃트로:
호스트: 이렇게 여러분의 식물 친구들을 행복하게 키우는 팁들이었어요. 만약 더 궁금한 점이나 다른 주제를 원하시면 댓글로 알려주세요. 다음 영상에서 또 만나요!

(팝핀한 음악과 함께 화면이 서서히 사라짐)

>>> 30대 여성이고 키는 165cm 몸무게는 60kg인데 앞으로 3개월동안 5키로 감량을 위해 매일 해야할 운동과 횟수, 식단까지 표 형식으로 구체적으로 작성해줘. 식단은 한식으로 구성해줘.

 안녕하세요! 3개월 동안 5키로의 감량을 목표로 하기 전에, 건강을 유지하면서 적절한 다이어트를 위해 규칙적인 운동과 균형 잡힌 식단이 중요합니다. 아래는 일주일 동안의 일일 운동 계획과 식단 예시입니다.

운동 일일 계획:

날짜	운동 종류	운동 시간	횟수
월	유산소 운동	45분	4회
화	근력 운동	30분	3회
수	유산소 운동	45분	4회
목	휴식	-	-
금	근력 운동	30분	3회
토	유산소 운동	45분	4회
일	휴식	-	-

유산소 운동: 걷기, 조깅, 수영, 사이클링 등
근력 운동: 유산소와 함께 전신 운동이 좋습니다. 턱걸이, 스쿼트, 푸시업 등
Note: 매주 1-2일 정도의 휴식이 중요합니다. 부상 예방을 위해 스트레칭을 반드시 실시하세요.

식단 예시:
아침: 국수 또는 떡국
과일 (반드시 포함)
두유 또는 우유
점심: 밥보다는 국수 또는 샐러드 중심의 식사
닭가슴살, 연어, 혹은 두부 등 고단백 저지방 식품 추가
채소가 풍부한 사이드 디시
간식: 과일 또는 견과류 (아몬드, 호두, 땅콩 등)
저녁: 찌개 또는 국
고구마나 샐러리 스틱과 통곡물 빵
단백질이 풍부한 생선 또는 샐러드 추가
야식 (선택 사항, 필요시): 요거트와 과일
차 또는 무가당 코코아

Note: 식사 전후로 충분한 물을 섭취하고, 식사는 적당한 양으로 식단의 다양성을 유지하세요. 뿐만 아니라, 간식은 건강한 선택을 하도록 노력하세요.

이 계획은 개인에 따라 조절이 필요할 수 있습니다. 또한, 건강 상태, 알레르기, 혹은 특별한 식단 제한이 있을 경우 전문가와 상담하여 개인 맞춤형 계획을 수립하는 것이 좋습니다.

04
다양한 생성형 AI

수업을 진행하다 보면 일주일 사이에도 정말 많은 변화가 일어난다. 갑자기 새로운 생성형 AI 서비스가 오픈되기도 하고 무료에서 유료로 바뀌기도 하고 유료에서 다시 무료로 바뀌기도 한다. 수업 시 교안도 수시로 바꿔야 한다. 그만큼 빠르게 변화하고 있는 세상이다. 언제 어떻게 바뀔지 모르는 서비스들이지만 지금까지 오픈되어 있는 서비스를 소개하고 장단점을 분석해 보려고 한다.

1. 카카오톡 기반의 아숙업(Askup)

아숙업의 장점은 카카오톡 기반이라 접근성이 매우 좋다는 점이다. 처음 연결만 해놓으면 친구랑 대화하듯이 프롬프트를 입력하면 된다. 답변도 빠르고 OCR(이미지에서 글자를 읽을 수 있음) 기능이 탑재되어 있어 매우 활용도가 높다. 예를 들어, 책을 읽다가 사진을 찍어서 아숙업에게 보내면 글자에서 "이미지에서 OOO 글자를 읽었습니다"라고 하면서 바로 텍스트로 변환해 준다. 책에 있는 글자가 아닌 손글씨도 잘 분석해 낸다. 텍스트로 변환된 글자는 번역을 해달라고 하던지 등의 질문을 계속 이어가면서 원하는 결과를 얻으면 되는 것이다. 또, 이미지를 만들어내기도 한다. "OOO 그려줘"라고 프롬프트를 입력하면 그림을 그려서 보여준다. 그리고 카카오톡 기반이라 음성으로 입력이 가능하다.

단점은 메시지의 길이 제한이 있다. 현재는 2048자 이내의 응답만 가능하다.

2021년 이전의 정보만 가지고 있다. 또 질문했을 때 대답하기 어려운 것은 피하기도 한다. 예를 들어 "추천서 써줘"라고 하는 대답에는 "죄송합니다"라고 하면서 작성할 수 없다고 한다. 같은 질문을 다른 생성형 AI에게 했을 때 다 답변이 다르기 때문에 안된다고 포기하지 말고 다른 서비스에 물어보기를 추천한다. 대화 앞에 "!" 느낌표를 입력하면 GPT4버전을 이용할 수 있었으나 현재는 GPT와의 연결 기능이 사라져 사용할 수 없고 "?" 물음표를 앞에 입력하고 질문하면 실시간 검색 정보를 활용하여 응답할 수 있다.

아숙업은 초기에 챗 GPT 3.5모델과 업스테이지의 OCR 기능을 탑재해 오픈하였으나 2024년 1월 11일 자체 개발한 언어모델인 '솔라'를 적용하였으며 현재는 아숙업 1.0버전으로 약 265만 명이 활용하고 있다.

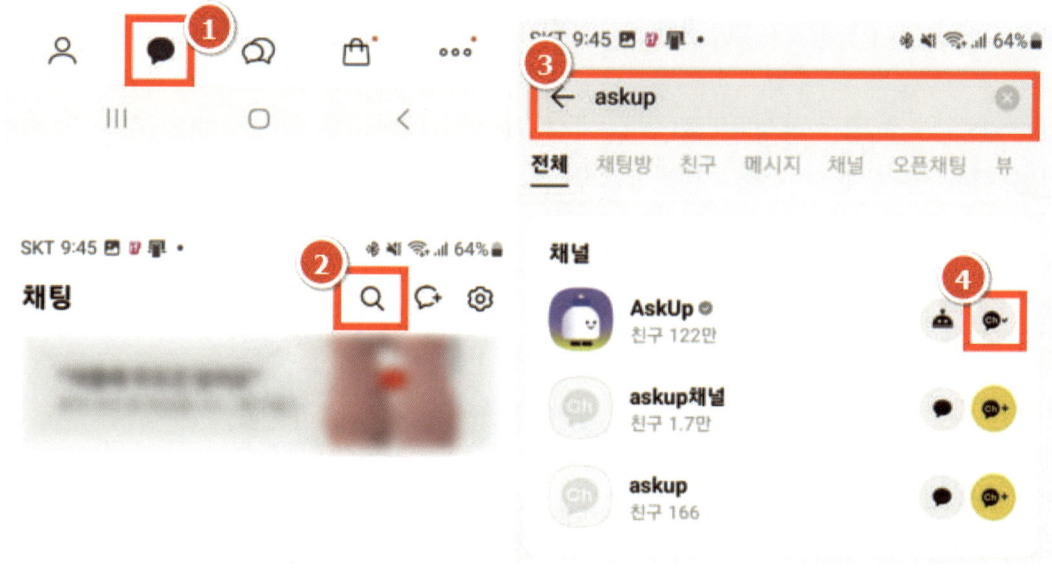

아숙업의 사용법은 아래와 같다.
① 카카오톡 화면에서 채팅을 누른다.
② 상단의 돋보기 버튼을 눌러 찾기를 하고
③ 'askup' 또는 '아숙업'을 검색한 후
④ 플러스 채널 추가를 한다.
⑤ 1:1 대화창에서 프롬프트를 입력하면 된다.

2. 마이크로소프트의 코파일럿(Copilot)

개인적으로 현재까지 무료 사용 중에 그림을 가장 잘 그려주는 챗봇은 Bing이라고 할 수 있다. 빙은 마이크로소프트에서 GPT-4 모델을 적용하여 만들어졌고 최근 이름을 코파일럿(Copilot)으로 변경해서 서비스하고 있다. OpenAI의 Dall-E 3 버전을 적용해 이미지 생성 성능이 매우 뛰어나다. 또한, 이미지 분석 기능도 있어 사진을 하나 보내고 이미지를 분석해 달라고 했을 때 해석해 내는 능력이 놀라울 정도로 뛰어나다. 답변에 대한 후속 질문을 추천해 주기도 하고 답변 스타일 설정이 가능하다. GPT-4 성능이라 작문도 매우 잘하는 편이다. 음성 입력도 가능하다.

단점은 마이크로소프트에 로그인을 하지 않으면 "현재 유해 정보 차단 설정으로 Bing 채팅을 사용할 수 없음"으로 팝업이 뜨면서 사용할 수 없다는 것이다.

코파일럿은 윈도우에서 바로 연결해서 사용할 수 있고 마이크로소프트 엣지나 다른 브라우저에서 사용할 수 있으며 앱도 출시되어 있다. 사용법은 아래와 같다.

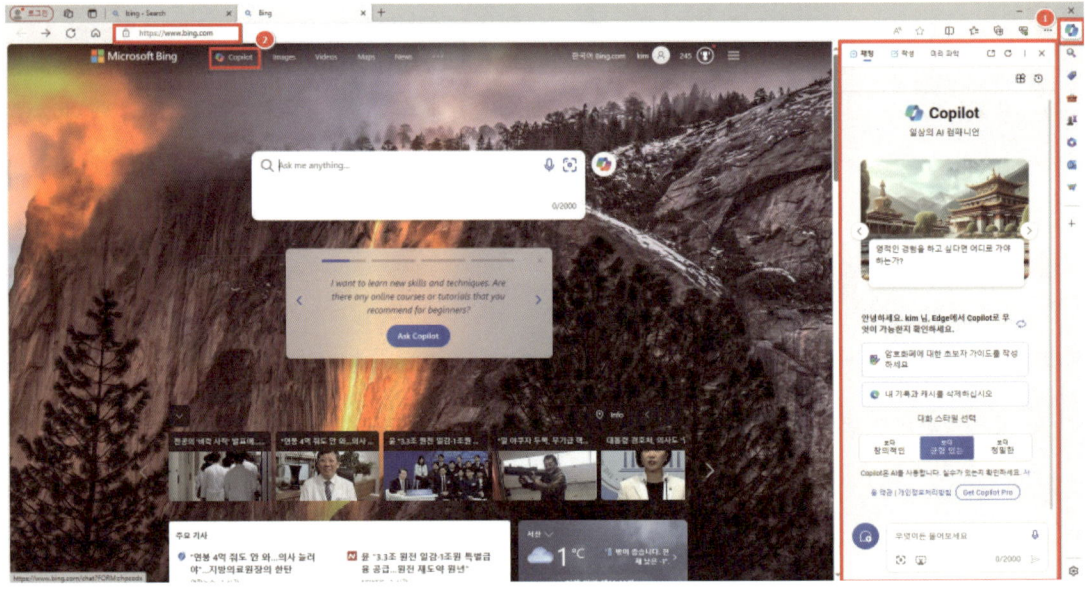

① 마이크로소프트 엣지 브라우저의 오른쪽 상단 코파일럿 아이콘을 누르거나
② bing.com 주소로 이동 후 상단의 copilot을 눌러서 사용할 수 있다.

3. 구글 제미나이(Gemini)

2023년 오픈된 구글 바드(Bard)는 초기에 큰 인기를 얻지 못했다. 사용자들이 비교해 보았을 때 기존에 나와있는 chatGPT보다 성능이 떨어진다고 판단했다. 그러나 2024년 2월 7일 제미나이로 새로운 AI 모델을 적용하면서 인기를 끌고 있다. 제미나이는 2023년 12월 6일에 오픈된 대규모 언어 모델이며 GPT-4보다 더 많은 매개변수로 훈련된 특징을 가지고 있다. 특히, 바드가 오픈될 당시에도 한국어 서비스 공식 지원이 되었는데 제미나이도 한국어가 공식 지원 된다. 음성으로도 입력이 가능하고 이미지 분석 기능이 매우 뛰어나다. 속도가 빠르고 구글 서비스와 연동하여 사용할 수 있다. 이어 구글은 2월 21일 초경량화 AI 모델 젬마(Gemma)를 발표했다. 젬마는 다른 동급 모델 중 가장 높은 성능을 갖췄다고 한다.

사용법은 https://gemini.google.com/ 로 이동 후 구글로 로그인하고 프롬프트를 입력하면 된다. 이미지 생성 기능은 영어로만 서비스 되다가 추가된 지 약 20

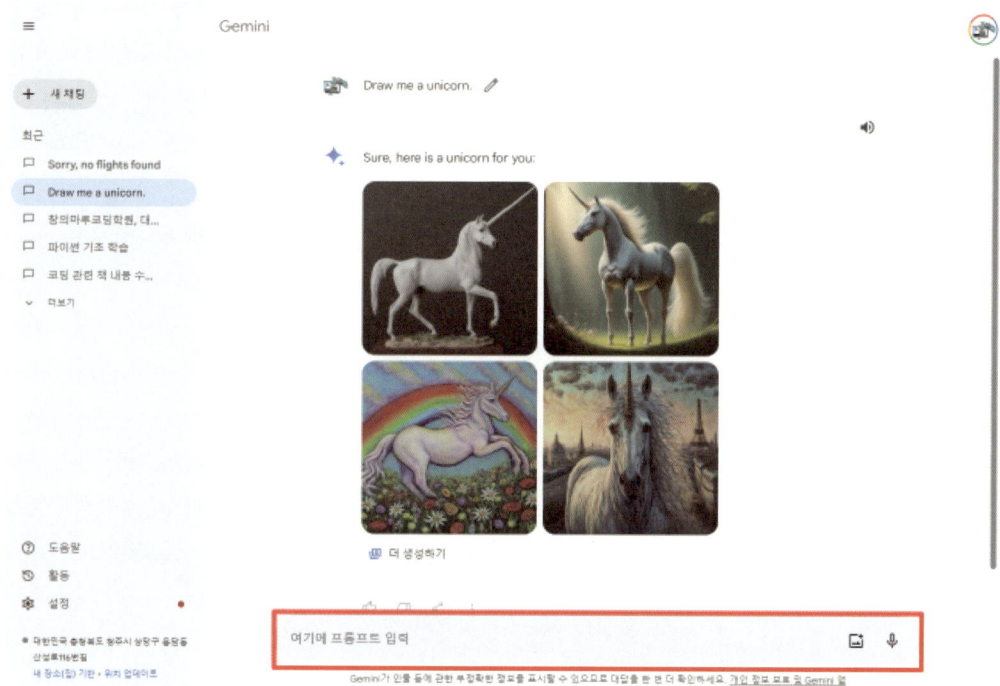

일 만에 서비스를 중단했고 향후 몇 주 안에 서비스를 재출시할 것이라고 밝혔다. 답변 후 대답 조정 기능이 있는데 조정 아이콘을 누르고 나온 대답을 짧게, 길게, 간결하게, 캐주얼하게, 전문적으로 등 대답을 수정하는 기능이 있다.

4. 뤼튼

뤼튼은 GPT-3.5, GPT-4, PaLM2, 하이퍼클로바, Claude-2 등 대표 LLM을 무료로 제공하는 국내형 AI 서비스이다. 초기에 블로그 작성으로 인기를 끌었으며 유료 버전으로 전환했다가 다시 무료로 사용할 수 있게 했다. 뤼튼의 장점은 한국어 특화에 있으며 챗봇 말고도 다양한 툴 사용으로 문장 생성이 가능하다. PDF 분석 기능이 있고 작문을 잘한다. 이미지 생성도 가능하고 "!"로 최신 검색 모드로 활용할 수 있다. 'AI 스튜디오'를 활용해 누구나 코딩 없이 직접 AI 챗봇을 제작할 수 있으며 프롬프톤(프롬프트 + 해커톤의 합성어)을 열어 새로운 툴, 봇을 제작해 보는 행사를 열고 있다. 명예의 전당에서는 인기 있는 툴을 확인할 수 있다. 현재 명예의 전당 1위는 "여보, 사도 돼?"라는 툴인데 매우 흥미 있는 툴로 사고 싶은 물건을 사기 전에 허락을 받아야 하는 사람들을 위한 툴이다. 사고 싶은 물건, 질문자가 누구인지, 누구에게 허락받아야 하는지를 간단하게 넣으면 재미있는 작문을 해주는 툴이다. 그 외에도 당근 마켓에 중고 판매글을 작성해 준다든지 실생활에 필요한 것들을 작성해 볼 수 있는 다양한 툴을 사용할 수 있다. 교육에서는 생기부(학생생활기록부)작성봇이 제작되어 있어 선생님들이 교육현장에서 많이 참고해서 사용하고 있다. 제미나이가 오픈되면서 제미나이 도입도 검토하고 있다고 하니 조만간에 제미나이 모델을 뤼튼에서 사용해 볼 수도 있겠다. 뤼튼 사용법은 아래와 같다.

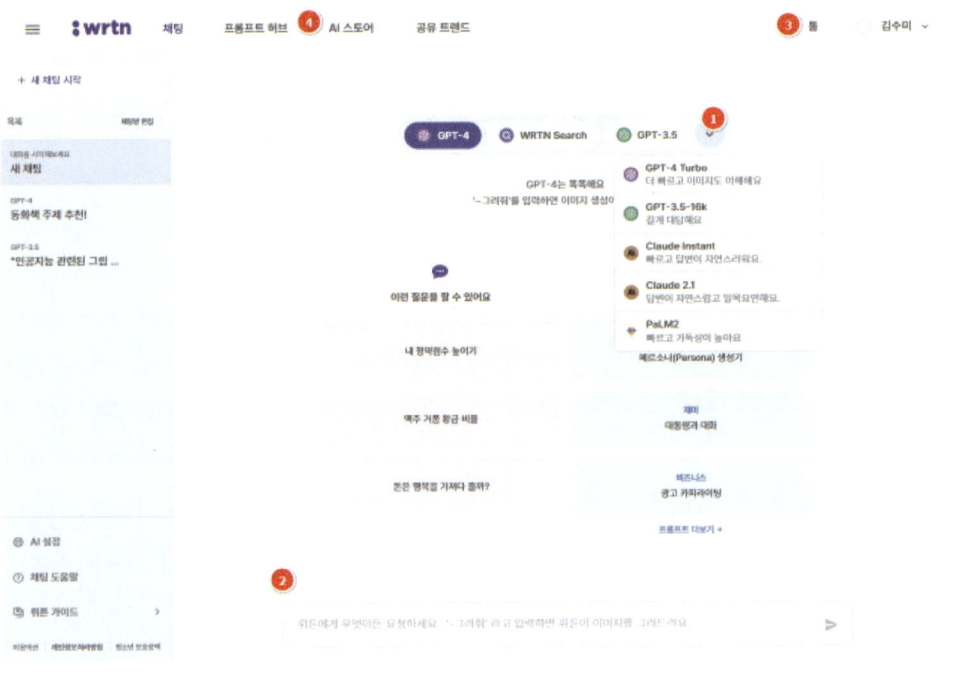

① wrtn.ai 사이트로 이동 후 로그인하고 GPT 모델을 선택할 수 있다.
② 다른 챗봇과 마찬가지로 프롬프트를 입력해서 결과를 받는다.
③ 툴 메뉴로 이동해서 만들어져 있는 다양한 툴을 활용할 수 있다.
④ AI 스토어에서는 나만의 챗봇을 만들 수도 있고 다른 사람이 만들어 놓은 챗봇을 활용해 볼 수 있다.

툴에는 자기소개서, 블로그 작성, 유튜브 대본 작성, 광고 문구 작성, 독서감상문, 리포트, 이메일, 책 초안 등등 많은 툴을 직접 활용해 볼 수 있는데 그중 아래는 중고물품 판매를 활용한 예시다. 물품명만 입력하면 판매 내용이 만들어져 활용하기 좋다.

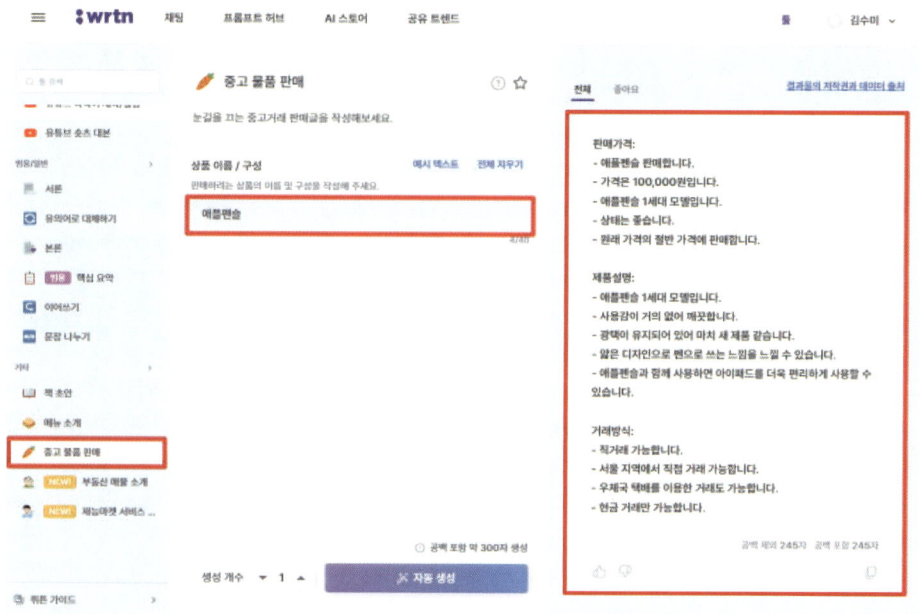

또한, AI 스토어에서는 사람들이 만들어 놓은 베스트 툴을 확인할 수 있는데 선생님들에게 인기가 좋은 "생기부 작성봇", "수업 참여도 200%상승봇"과 직장인에게 인기 있는 "퇴근 시간 당기는 비법봇" 등 재미있는 봇들을 확인할 수 있다.

다른 사람이 만들어 놓은 봇은 "한 번에 즐겨찾기 추가"를 누르고 아래쪽 툴에서 즐겨찾기로 들어가면 활용할 수 있다.

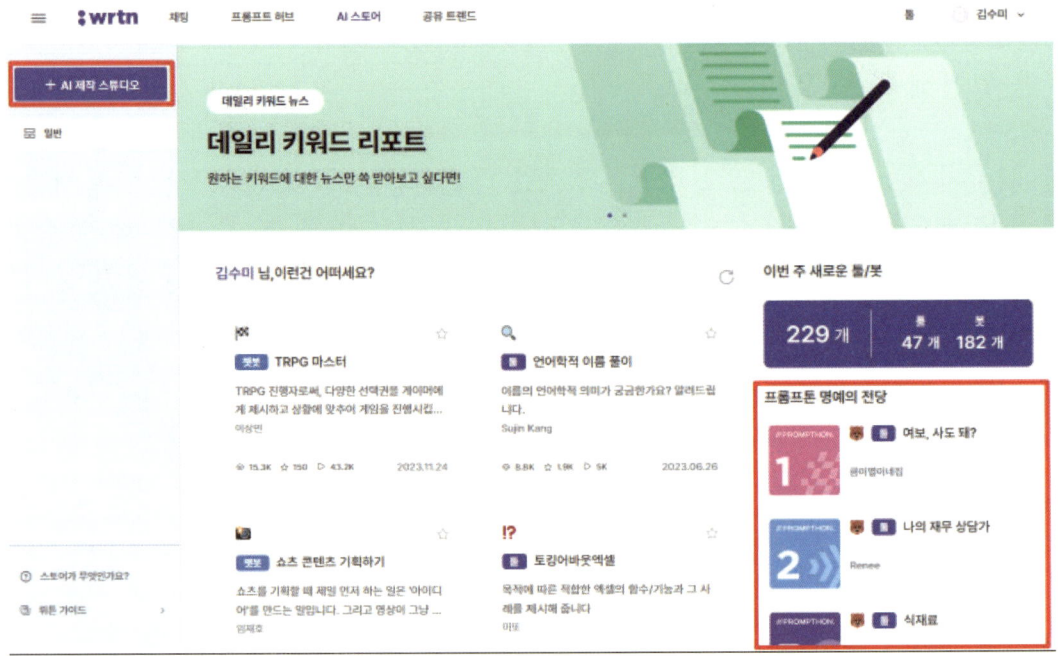

내가 직접 툴을 만들어 보려면 AI 제작 스튜디오를 눌러 툴 또는 챗봇을 선택하고 만들어볼 수 있다. 아래는 "파이썬 코딩 도우미" 챗봇을 만들어 본 예시다.

프롬프트 작성 시 역할과 성격 및 정보를 자세히 작성해 주는 것이 좋다. 답변의 기본 방향에 대해 설정해 주는 것이다. 파이썬 코딩 도우미 봇에게는 "친절하고 차분함, 존댓말을 사용하지만 딱딱하지 않은 다정하고 아기자기한 느낌을 주는 말투. 파이썬 주석 처리를 항상 해주고 개념에 대한 설명도 주석 처리해 줄 것."이라는 내용을 작성해 보았다. 작성 후 왼쪽에서 테스트를 해볼 수 있고 완성되면 적합성 심사를 거쳐 등록된다.

5.   하이퍼클로바X & CUE:

네이버의 생성형 인공지능인 하이퍼클로바X를 기반으로 한 챗봇서비스는 클로바X, 생성형 AI 검색 서비스는 큐(CUE:)로 오픈되어 있다. 하이퍼클로바X도 바드와 마찬가지로 초기에 사용자들이 실망을 많이 했다. 한국어가 많이 학습되어 있어서 기대가 컸으나 코딩이나 다른 부분에서 GPT보다 좋은 성능을 보여주지는 못했다. 하지만 한국판 AI 성능 평가 체제 'KMMLU'에서 인문학, 사회학, 과학기술 등 45개 분야에서 전문가 수준의 지식을 묻는 문항에서 GPT-4와 제미나이 프로보다 더 높은 점수를 기록하며 한국 특화 지식을 종합한 전반적인 성능이 가장 높았다고 한다. 단점은 그림을 그리는 것은 안되며 이미지를 분석하는 기능도 없다. 스킬은 쇼핑, 여행 등에 관련해서 사용할 수 있는데 최대 2개까지만 스킬이용이 가능하다.

6. 클로바노트

생성형 AI라고 할 수는 없지만 클로바노트는 음성메모 기록 AI이다. 음성을 분석해 노트를 작성해 주고 인터뷰나 회의록 작성에 필수적이다. 회의록 작성의 경우 클로바노트 앱을 켜고 녹음 버튼을 누른 후 회의를 선택하면 ① 사람들의 음성을 분석해 노트를 작성하고 참석자1, 참석자2 이런 식으로 작성해 주는데 ② 참석자1의 이름을 나중에 바꾸기만 하면 누가 무슨 말을 했는지 기록에 남고 장시간의 회의 후에 ③ AI 요약 기능으로 전체 회의를 요약정리해 준다. 음성이 텍스트로 변환되기 때문에 검색이 가능하고 중요한 순간을 ④ 북마크 할 수 있어 활용도가 매우 높다. 스마트폰 앱과 PC화면의 동기화가 실시간으로 가능하다. 앱은 안드로이드 스튜디오나 앱 스토어에서 설치할 수 있다.

특히 인터뷰를 바탕으로 기사를 작성하는 기자님들에게는 필수앱으로 자리잡고 있다.

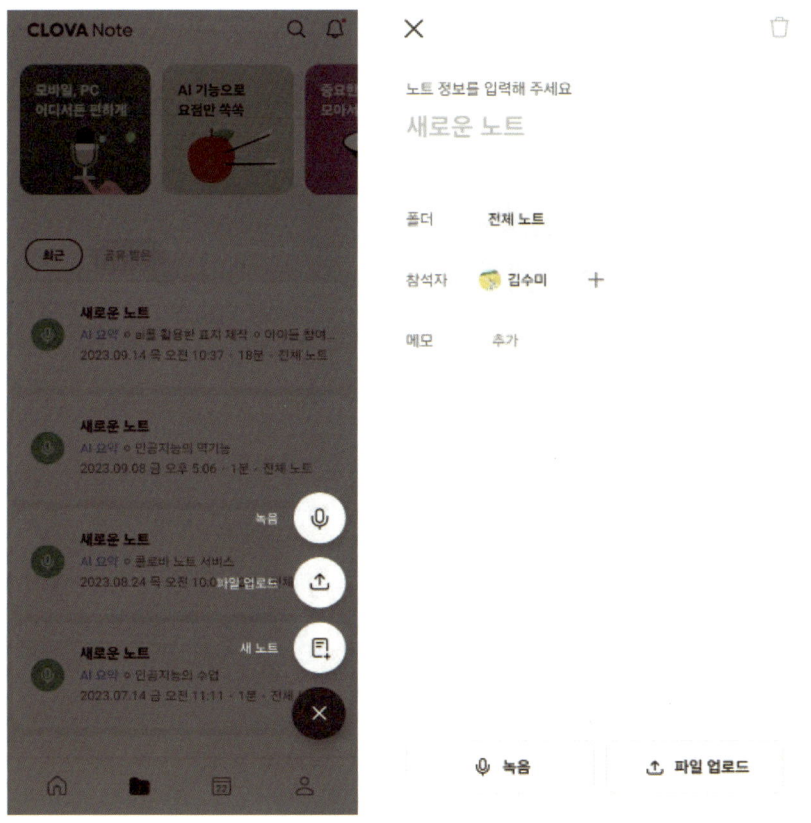

7. 노션

노션은 생산성 및 협업 도구로 널리 사용되는 온라인 서비스다. 개인적인 노트 정리, 할 일 목록, 프로젝트 관리, 문서작성, 데이터베이스 생성 등 다양한 형태의 콘텐츠를 만들 수 있는 유연한 편집 기능으로 협업이 가능하다. 다른 좋은 기능들도 있지만 노션에도 생성형 AI가 포함되어 글 작성을 도와준다. 노션 노트 작성 시에 스페이스 키만 누르고 프롬프트를 입력하면 글을 작성해 주는 형태로 사용되고 있다.

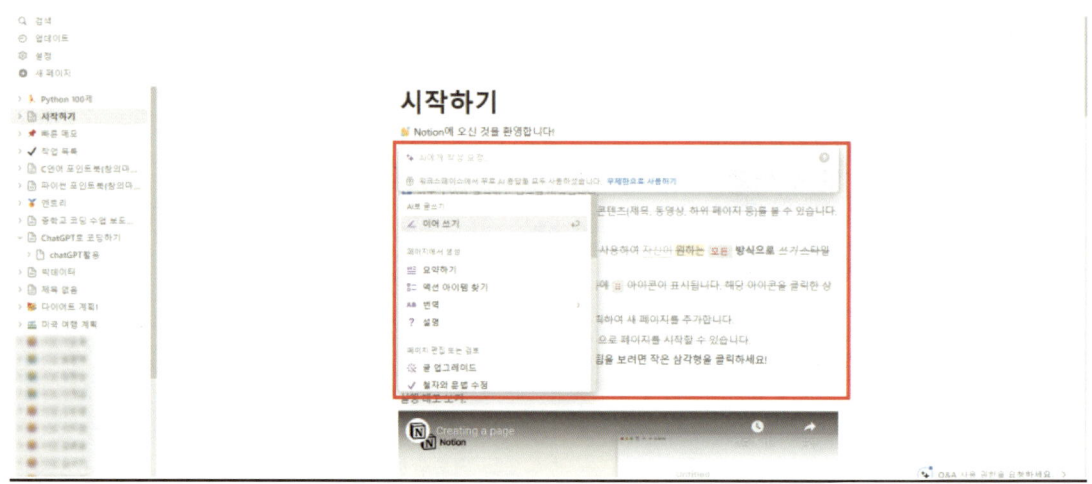

8. 감마앱(Gamma app)

프레젠테이션 문서를 만드는 데 특화된 생성형 AI는 감마앱이다. AI로 생성을 누르고 제목만 입력하면 목차를 추천해 주고 목차를 수정후에 생성만 누르면 기초적인 프레젠테이션 하나가 뚝딱 완성된다. 수업을 진행하면서 소개해 준 여러 가지 생성형 AI 중에 수강생들의 반응이 가장 좋은 앱이고 웹페이지에서 바로 프레젠테이션을 진행할 수도 있고 PPT로 다운로드할 수도 있어 활용도가 매우 높다.

감마앱은 크레딧을 사용해서 AI 기능을 이용할 수 있는데 추천 서비스를 이용하면 추천인에게도 200크레딧, 새로 가입한 사람에게도 200크레딧을 추가로 제공하기 때문에 친구 추천으로 가입하는 것이 더 많은 크레딧을 받을 수 있는 방법이다. 아래 QR코드나 URL로 접속하면 추가로 200크레딧을 더 받을 수 있고 향후 다른 친구에게 추천할 때에는 친구 추천을 이용해 나만의 추천 링크를 만들어 사용하는 것이 좋다. 월 $8로 유료 서비스를 구독할 수도 있다.

Gamma 가입하기

https://bit.ly/gamma_app_join

 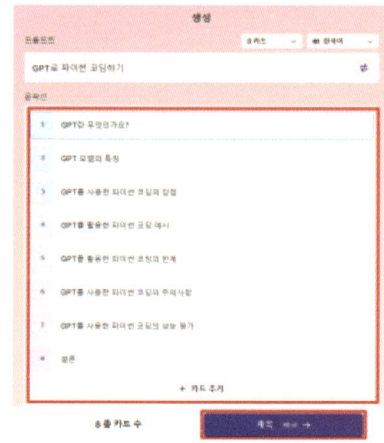

① 가입 후 PC로 로그인하고 +새로 만들기 AI 버튼을 클릭한다.
② 텍스트로 붙여넣기, 생성, 파일 가져오기 중 생성을 누르고
③ 몇 장의 카드를 생성할지 선택한 후
④ PPT의 주제인 제목을 작성한다.
⑤ 개요 생성 버튼을 누르면 AI가 소주제를 만들어 주는데 그 소주제를 추가하거나 수정 삭제해서 계속을 누르게 되면 40크레딧을 사용하게 된다.
⑥ 테마 선택 후 생성을 누르면 AI가 PPT를 작성해 준다.

⑦ 작성한 PPT는 상단의 프레젠테이션을 눌러 바로 프레젠테이션 할 수 있다.
⑧ 내용은 더블 클릭해서 수정할 수 있다.
⑨ 오른쪽 카드, 레이아웃, 텍스트, 이미지, 동영상 삽입 등의 툴을 이용해서 간단하게 수정이 가능하다.
⑩ 상단의 공유를 눌러 협업하거나 공개적으로 공유, PDF나 PPT로 내보내기를 할 수 있다.

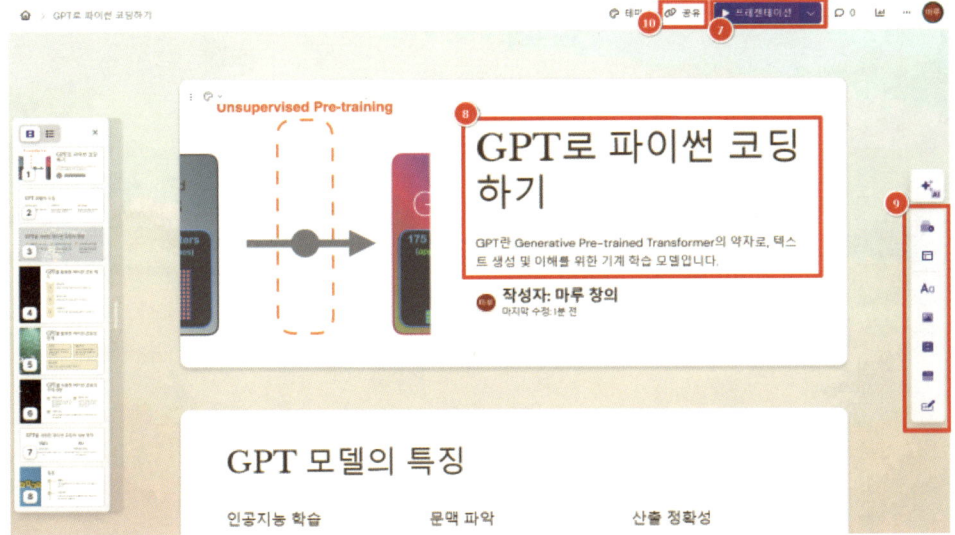

05
코딩시작전 컴퓨터기초부터

본격적인 코딩을 시작하기 전 컴퓨터 기초부터 이야기해 보려 한다. 컴퓨터 기초를 학원이나 학교에서 제대로 학습하지 않았기 때문에 개인의 격차가 크다. 그러다 보니 성인교육이나 학생 교육을 할 때 가장 먼저 하게 되는 수업이 컴퓨터 기초다. 컴퓨터 기초교육은 PC부터 시작한다. 사람들에게 "PC와 노트북이 같을까요 다를까요?"라고 물어보면 대부분 "다르다"라고 대답한다. PC의 개념 자체가 본체와 모니터가 따로 있는 데스크톱을 생각한다는 것이다. PC의 개념, 즉 Personal Computer는 개인용 컴퓨터라는 뜻이다. "태블릿을 태블릿PC라고 하지 않냐"라고 이야기를 하면 그제야 "아~"하면서 이해를 하는 편이다. 웨어러블 컴퓨터도 다 Personal Computer에 속한다.

다음은 "하드웨어와 소프트웨어"다 의외로 하드웨어와 소프트웨어를 구분하지 못하는 사람들도 많다. 가장 쉽게 설명하기 위해서 하드(hard)는 딱딱하고 만질 수 있는 것이라 설명하고 소프트웨어는 말랑말랑하면서 만질 수 없는 것이라고 설명을 한다. 주변에 대부분 만질 수 있는 것들은 하드웨어다. 노트북, 마우스, 키보드 등이 하드웨어고 한글 프로그램, 파워포인트 윈도우 등은 만질 수 없는 소프트웨어다.

소프트웨어에는 시스템 소프트웨어와 응용 소프트웨어로 나뉜다. 시스템소프트웨어는 말 그대로 시스템을 관리하기 위한 소프트웨어로 즉, OS(Operating System)이다. 윈도우나 iOS, 안드로이드 등이 시스템소프트웨어다. 응용 소프트웨어는 우리가 이야기하는 프로그램, 애플리케이션, 앱, 소프트웨어 등 다양한 언어로 불리고 있다. 미세한 차이는 있지만 다 비슷한 개념으로 존재한다. 이렇게 이름이 많다 보니 더 헷갈리는 것 같지만, 발전하면서 만들어지고 변해가는 용어들이라고 생각하자.

다음은 키보드 교육이다. 컴퓨터를 자주 다루는 사람들도 잘 모르는 것들이 키보드에 쏙쏙 숨어 있다. 지금부터 키보드에 대해 대부분이 잘 모르거나 헷갈려 하는 내용들로만 이야기해 보겠다.

먼저 Delete 키와 Backspace 키의 차이점이다. 아는 사람은 알고 모르는 사람은 모르는 내용이다. 대부분 이렇게 질문하면 갑자기 고민을 하기 시작하면서 하는 대답들 중에 대부분이 "Delete 키는 전부 한꺼번에 지우는 것이고 backspace는 하나씩 지우는 것"이라고 대답하는데 이것은 정답이 아니다. 블록 지정에 대해서도 잘 모른다고 이야기할 수 있겠다. 커서와 블록 지정을 잘 알고 있으면 이런 답변을 하지는 않았을 것이라고 생각이 된다. 커서는 세로 라인으로 깜빡이는 것을 말하고 블록 지정은 마우스로 드래그 했을 때 감싸지는 부분을 말한다. 블록 지정을 했을 때는 backspace 키나 delete 키나 모두 블록 지정한 것을 한 번에 지우는 데 사용된다. 일반적으로 backspace 키는 커서의 왼쪽 부분을, Delete 키는 커서의 오른쪽 부분을 지우는 것이다. 물론 이것도 한 번만 들으면 누구나 알 수 있는 가벼운 내용이지만 대부분의 사람들이 컴퓨터 교육을 제대로 받은 적이 없기 때문에 이런 사소한 것도 모르고 지나칠 수 있다는 생각이 든다.

노트북의 Fn(Function) 키와 윈도우(Windows)키를 활용하지 못하는 사람들도 많다. 이런 것들 또한 데스크톱에서 노트북으로 옮겨가면서 새롭게 키보드에 추가된 기능들이다 보니 매뉴얼을 보지 않는 사람들은 기존에 데스크톱에서 사용하던 키들만 사용하면서 잘 모르게 된 내용들이다. Fn 키는 키보드에서 다양한 아이콘 모양과 함께 화면의 밝기를 조정한다든지 소리를 조절한다든지 음소거를 한다든지 등 빠르게 사용할 수 있는 단축키로 사용되고 있다. 그런데 이것은 노트북마다 키보드의 모양이 다르고 노트북마다 지원하는 내용이 다를 수 있다. 지금 필자가 사용하고 있는 노트북의 Fn 키를 정리해 보자면 아래와 같다.

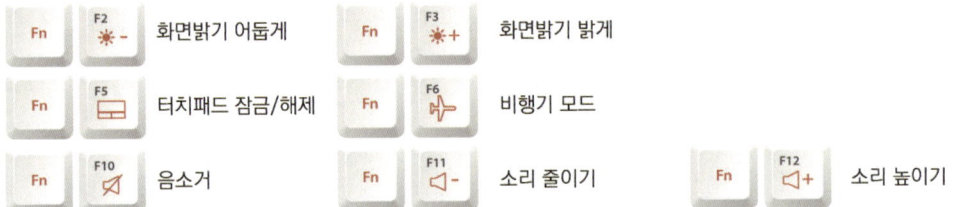

윈도우키도 마찬가지로 윈도우를 잘 컨트롤할 수 있도록 다양한 기능을 알파벳과 함께 단축키로서 활용되고 있다. 아래는 윈도우키의 단축키 기능들이다.

Ctrl 키와 Alt 키 등 키보드에서 활용할 수 있는 단축키들을 모두 정리해 보겠다. 단축키를 안 쓰고 마우스를 활용해 아이콘을 눌러 가면서 활용할 수도 있지만 단축키를 활용하면 상당히 많은 시간을 절약할 수 있다.

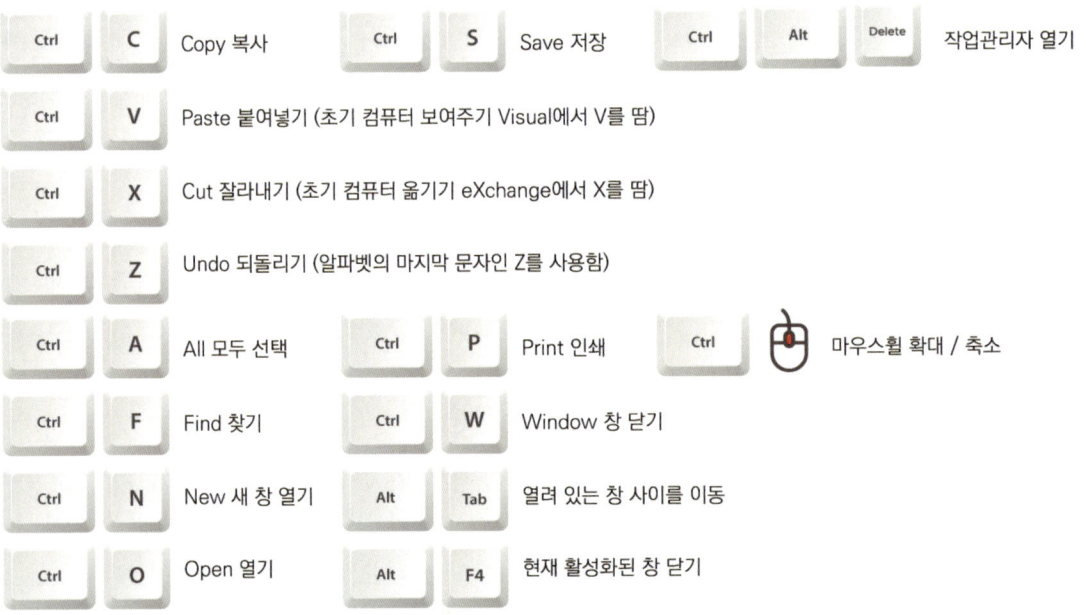

마우스 없이도 키보드로 모든 윈도우를 제어할 수 있다. Tab 키와 방향 키로 이

동하고 Enter 키나 Esc로 취소할 수 있다. 그렇다고 일부러 마우스를 활용하지 않을 필요는 없다. 어떤 때에는 마우스를 활용하는 것이 훨씬 빠를 수도 있기 때문이다. 단축키도 사람들이 잘 활용할 수 있게 영어의 앞 글자를 딴 경우가 많다. 예를 들어 Ctrl + A의 경우 All의 앞 글자 A를 써서 이 단축키를 쓰게 되면 전체 선택이 되는 것이다. Print는 P, New는 N, Save는 S처럼 앞 글자를 딴 단축키들이 많기 때문에 단축키를 다 외우지 못하더라도 쉽게 찾을 수 있다.

어린 친구들에게는 NumLk 키도 잘 설명해 주어야 한다. 요즘은 콤팩트한 사이즈로 나오는 노트북들이 많아서 오른쪽 숫자 키보드를 안 쓰는 경우가 많기도 하지만 있는데 활용을 못하는 경우도 많다. 오른쪽 숫자키는 두 가지의 기능을 한다. 방향 키나 Page UP, Down, Home, End처럼 커서의 위치를 한 번에 옮기는 그런 기능들을 함께 하는 것이다. 오른쪽 숫자 키 패드를 눌렀는데 원하는 숫자가 안 눌러진다면 NumLk 키를 한번 눌러 활성화시켜줘야 한다. 기능을 반대로 뒤집는 것이다.

그 외에도 Insert 키는 삽입/수정, PrintScreen 키 화면 캡처 등 숨어있는 키보드 기능들을 잘 모르는 경우가 대부분이다. 이런 내용을 몰랐다면 지금 당장 컴퓨터를 켜서 직접 한 번씩 눌러보면서 익히는 것을 추천한다. 내가 활용하는 컴퓨터의 기능을 잘 활용할 수 있다면 업무 능률이 훨씬 더 높아질 것이다.

그다음은 용어에 관해 이야기를 해보려고 한다. 개발자가 아니면 잘 모르는 아니면 대충 알고 있는 그런 키보드의 이름들이 많다. 예를 들자면 *을 보통의 사람들은 "별" 또는 "곱하기"라고 이야기하는데 제대로 된 이름은 "애스터리스크"라는 것이다. 이것은 별로 불려도 큰 문제는 없지만 코딩 강의나 코딩 서적 같은 것을 볼 때 용어를 알지 못하면 무엇을 말하는지 모르게 되는 것이다. 그래서 용어가 매우 중요하다. 지금부터 알쏭달쏭 한 키보드의 용어에 대해 알아보겠다.

> ~ (틸트), @(골뱅이, 엣), &(앰퍼샌드, 앤), *(애스터리스크, 별, 곱하기)
> /(슬러시), ₩(역슬러시), |(바), :(콜론), ;(세미콜론),
> 괄호 구분 : (소괄호), {중괄호}, [대괄호], <꺽쇠>

방향 키와 Shift 키를 함께 눌러 블록 지정을 할 수 있고 방향 키를 적절하게 잘 사용하면 커서의 위치를 빠르게 이동할 수 있다.

06
개발 환경 셋팅하기

컴퓨터는 기계다. 사람은 자연어를 사용하지만 컴퓨터는 기계어(이진수 : 0과 1로 이루어진)만을 이해한다. 사람들이 기계어로 명령을 하기 힘들다 보니 컴퓨터언어라는 것을 만들어서 컴퓨터를 제어하게 된 것이다. 프로그래밍 언어 중 C언어는 현대 프로그래밍의 기초라고 불리는 언어다. 다양한 언어들이 존재하고 언어마다 특색이 있어서 언어마다 활용 분야가 다양하다.

그럼 그런 언어로 코딩을 했을 때 기계로 전송되기 전 꼭 거치는 과정이 기계어로의 번역 과정이다. 기계어로 번역하는 것을 컴파일이라고 이야기하고 그 번역기를 컴파일러라고 이야기한다. 각 언어마다 그에 맞는 컴파일러가 존재한다. 소프트웨어 개발을 하기 위해서 코딩을 하려면 코딩을 작성하는 에디터(코드 편집기)가 필요할 것이고 그것을 기계어로 번역해 주고 컴파일 과정에서 문법적 오류가 있는지 없는지를 판단해 주는 컴파일러, 코드 실행 중 오류를 찾아내고 해결하는 디버거, 오류를 확인시켜주거나 결과를 보여주는 콘솔 창 등 이런 것들이 필수 요소다.

이렇게 개발을 잘할 수 있도록 만들어놓은 환경을 통합개발 환경이라고 부르고 IDE(Integrated Development Environment)라고 부른다. 세상에 존재하는 IDE는 종류가 다양하며 대표적 IDE로는 Visual Studio, 안드로이드 스튜디오, 코드 블록스 등이다.

무료로 사용할 수 있는 IDE를 다운로드해서 설치할 수 있고 다운로드 설치가 필요 없이 웹상에서 이용할 수 있는 서비스들도 있다. 이 책에서는 설치형 Visual Studio Code와 웹용 구글코랩, replit 등을 활용할 것이다.

1. Python 설치하기

python.org 사이트로 이동 후 최신 버전을 다운로드한다. (windows 기준)

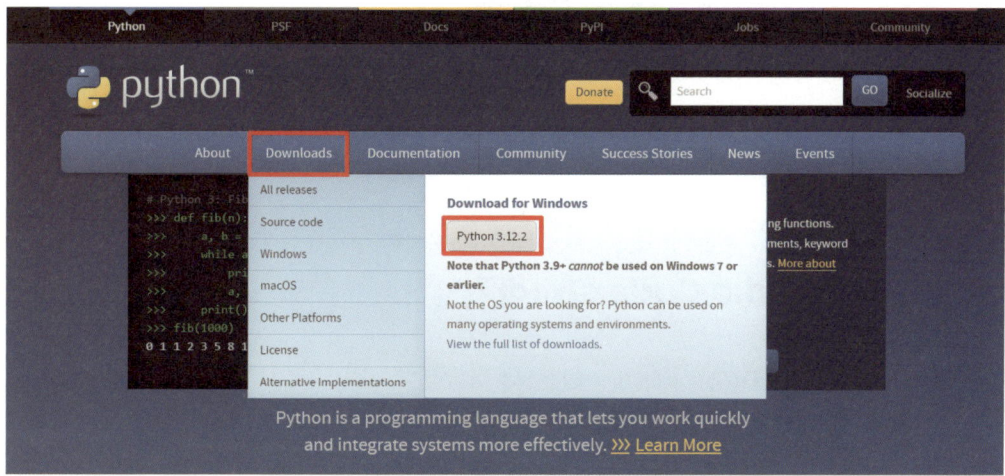

다운로드한 파일을 설치하고 설치 시 반드시 Add to Python Path 체크하기

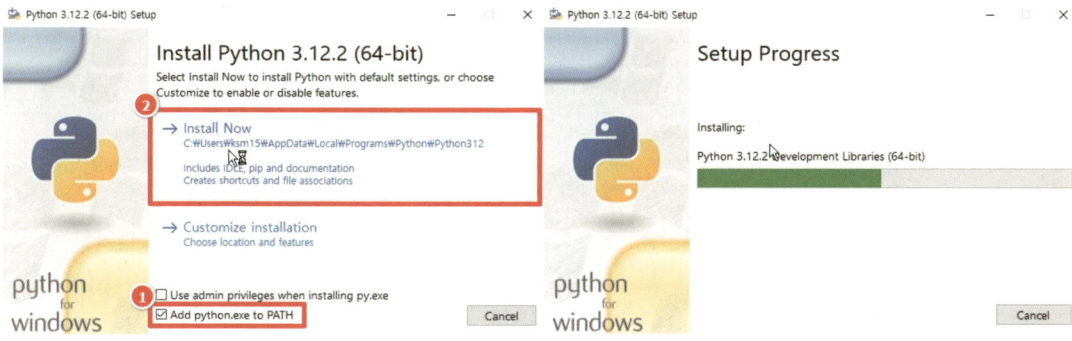

윈도우 검색에서 idle 또는 python 으로 검색해서 설치된 IDLE 을 열어준다.

IDLE에서 print("Hello Python") 확인하기

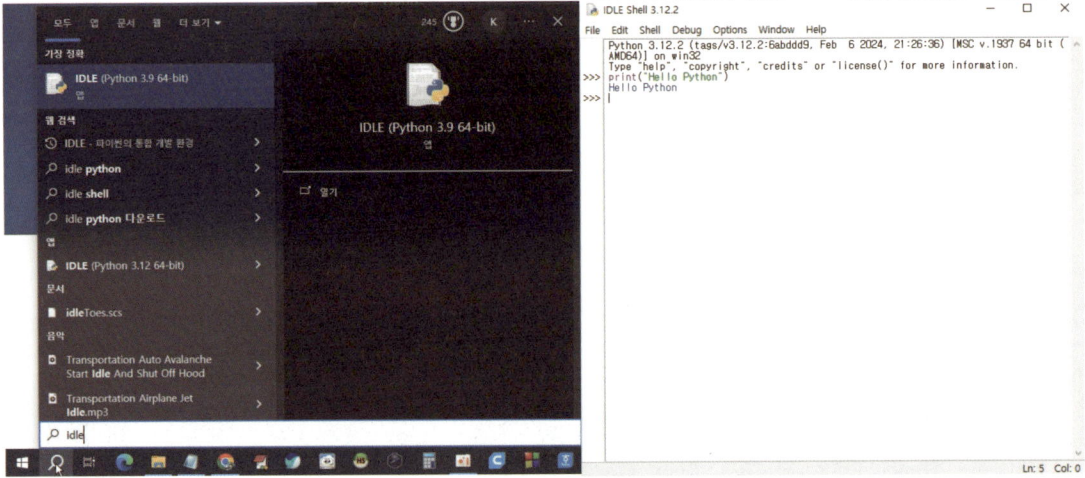

2. Visual Studio Code 설치하기

https://code.visualstudio.com/ 사이트로 이동 후 최신 버전을 다운로드하고 설치해준다.

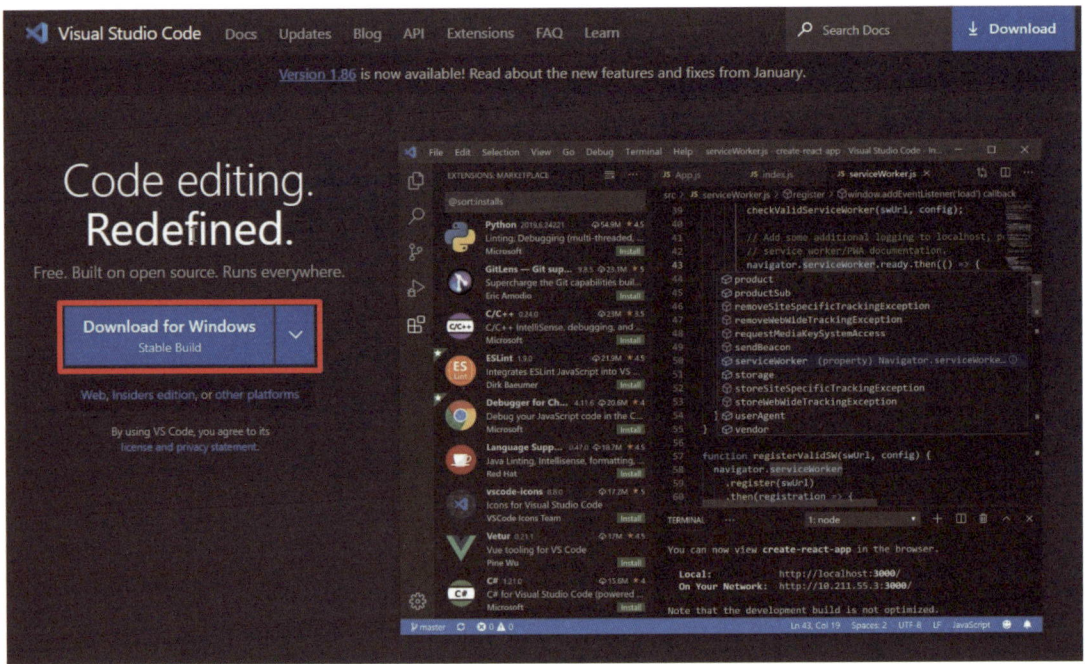

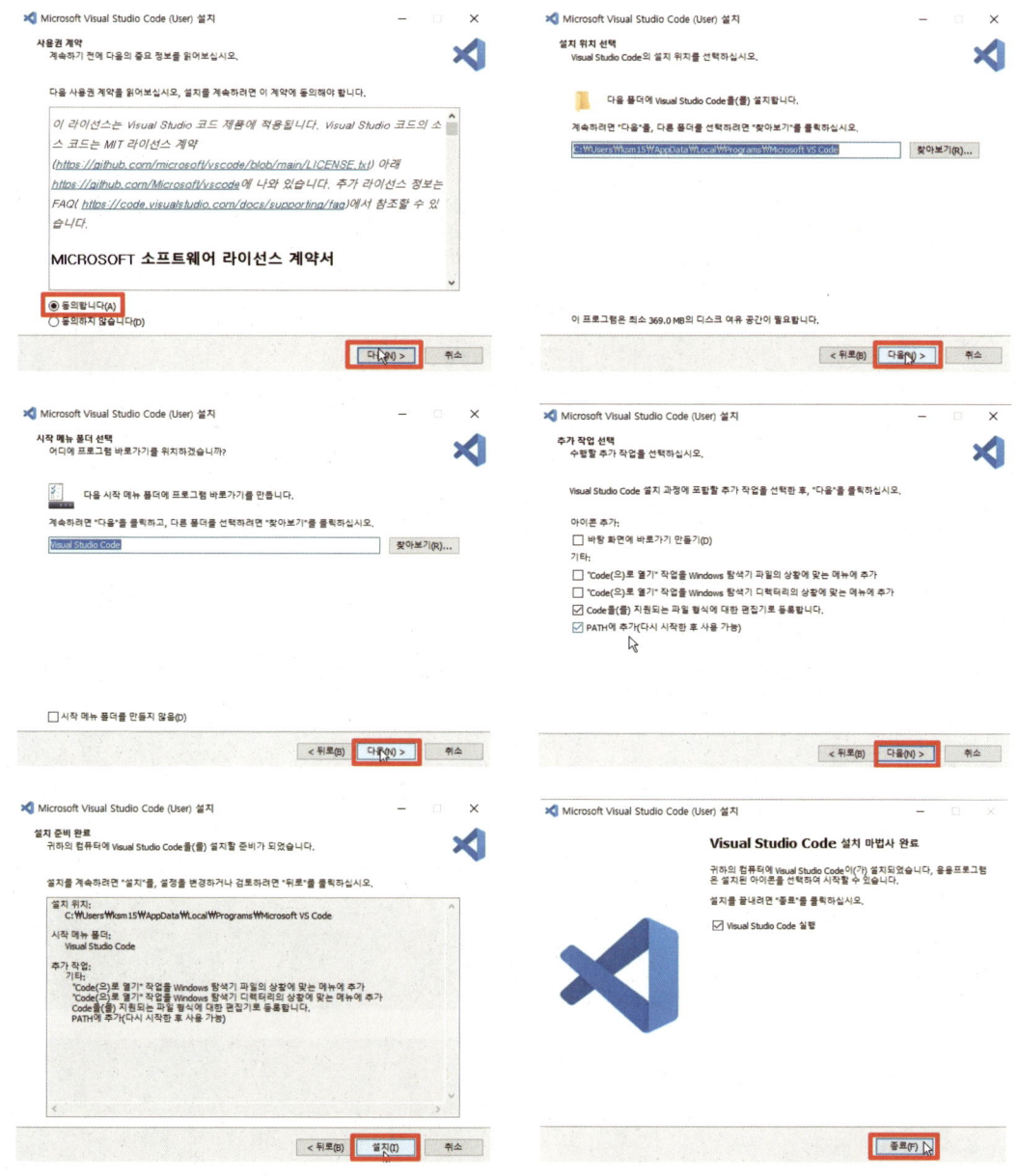

설치가 완료되면 왼쪽의 Extension 메뉴에서 확장 프로그램 Python 을 검색해 Install 해준다.

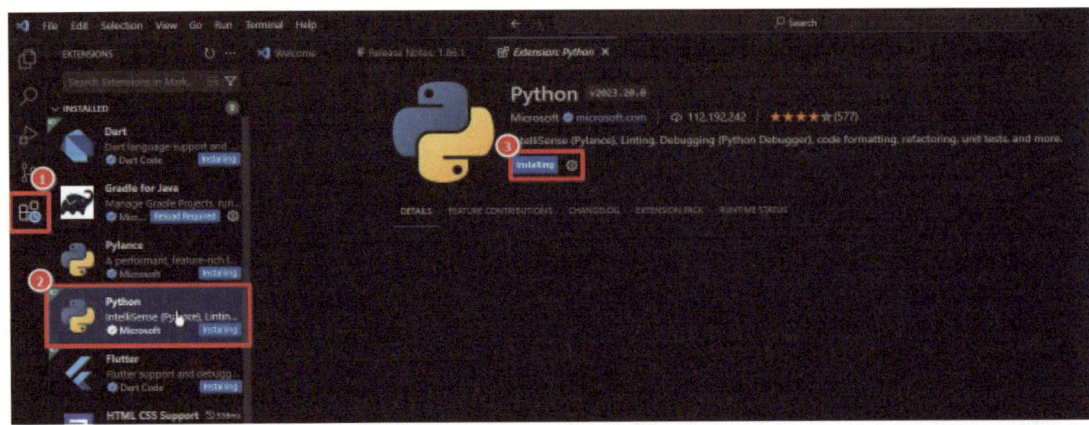

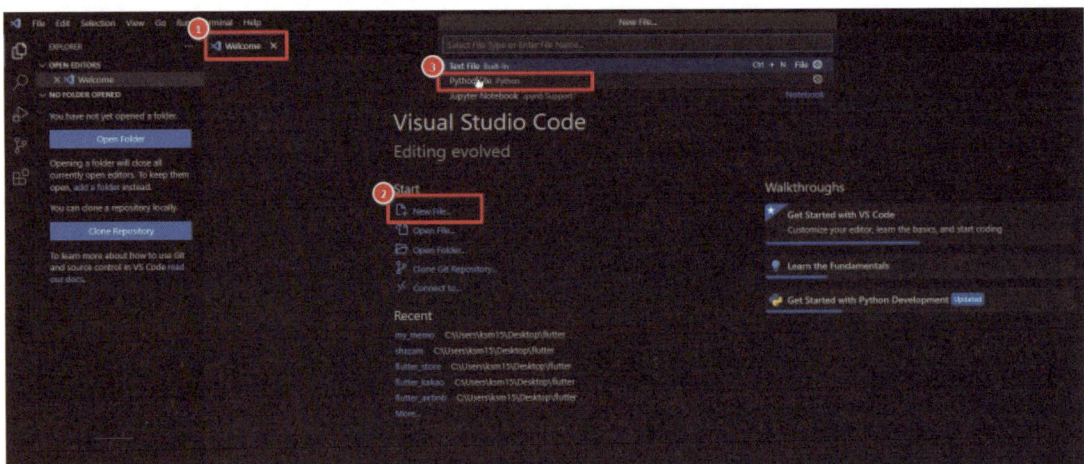

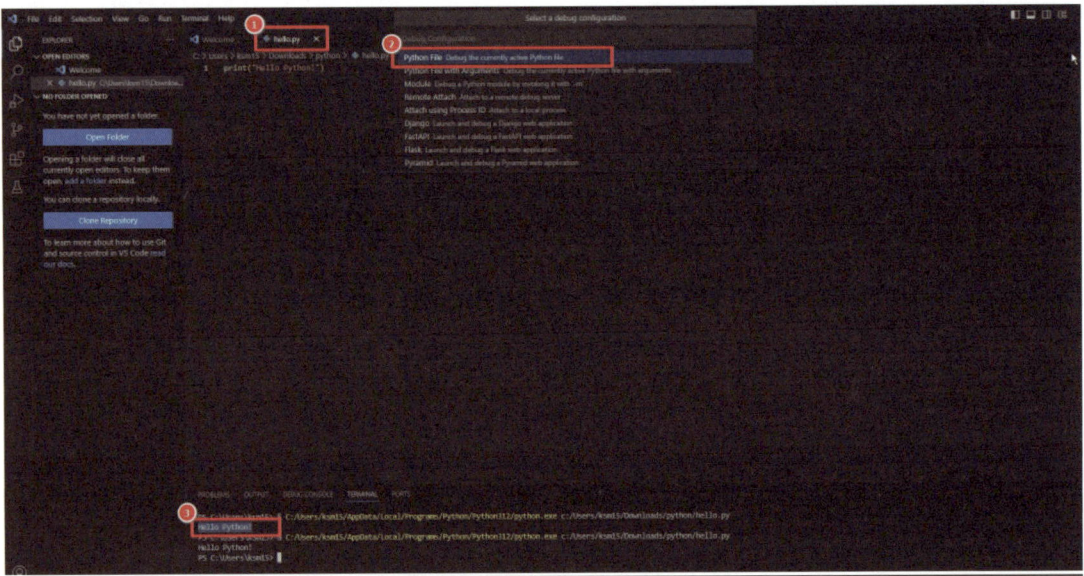

Welcome 메뉴로 돌아가서 New File 또는 File 메뉴에 New File을 누르고 파이썬 파일 선택해서 파일을 만들어준다.
print("Hello Python!") 내용을 작성하고 파일을 저장한 후 F5 키를 누른다. Python File Debug를 선택하고 아래 터미널에서 출력이 잘 되는지 확인한다.

3. 구글 코랩 활용하기

구글코랩은 Colaboratory(줄여서 'Colab'이라고 함)을 통해 브라우저 내에서 Python 스크립트를 작성하고 실행할 수 있다. 장점은 별도의 프로그램 설치가 필요하지 않고 무료로 GPU 사용할 수 있으며 간편하게 공유할 수 있다는 점이다. 주피터 노트북 환경으로 코드, 텍스트, 시각화를 하나의 문서에서 실행 및 표현할 수 있는 도구이다. 단, 최대 세션 유지시간은 12시간이다. 소스코드는 드라이브에 저장되지만 중간에 세션이 끊어지면 데이터는 날아갈 수 있으므로 주의해야한다.

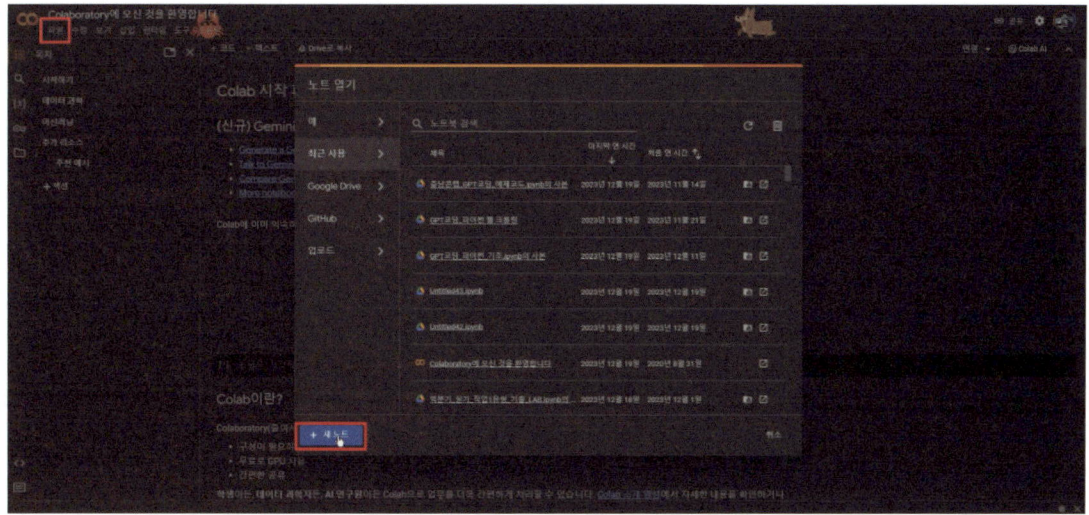

구글 코랩(https://colab.research.google.com/) 검색 후 사이트로 이동하고 구글 아이디로 로그인한다.
파일에서 새 노트를 누르거나 팝업창이 뜨면 아래쪽 새 노트를 누른다.
먼저, 코랩의 AI 기능을 이용해 파이썬 기초 코드를 작성해 보자.

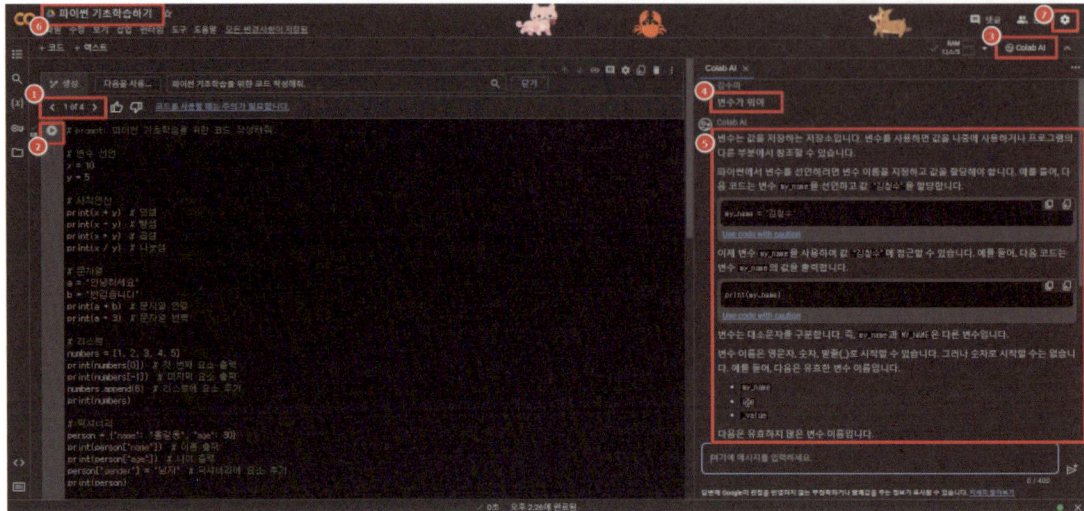

새 노트가 열리면 생성을 누르고 AI에게 "파이썬 기초 학습을 위한 코드 작성해 줘."라고 입력한 후 엔터를 치면 AI가 작성해 준다.

① AI가 생성해 준 결과는 하나가 아니라 3~4개 정도 될 수 있으니 화살표를 눌러 다양한 코드 결과를 확인한다.
② 실행 버튼을 누르거나 Ctrl + Enter를 눌러 실행하면 아래쪽에서 결과를 확인할 수 있다.
③ 오른쪽 상단의 Colab AI 버튼을 눌러 AI에게 질문할 수도 있다.
④ 개념 학습을 위해 "변수가 뭐야"라고 질문해 보았다.
⑤ AI가 답변한 결과를 볼 수 있다. 변수에 대한 개념 정의와 코드 예제까지 함께 보여주니까 학습에 많은 도움이 될 수 있다.
⑥ 상단 Untitled를 눌러 제목을 수정할 수 있고 향후 파일 관리에 좋다.
⑦ 설정을 눌러 화면 테마, 편집기 폰트 설정, AI 설정, 아기 고양이 모드 등 환경 설정을 할 수 있다.

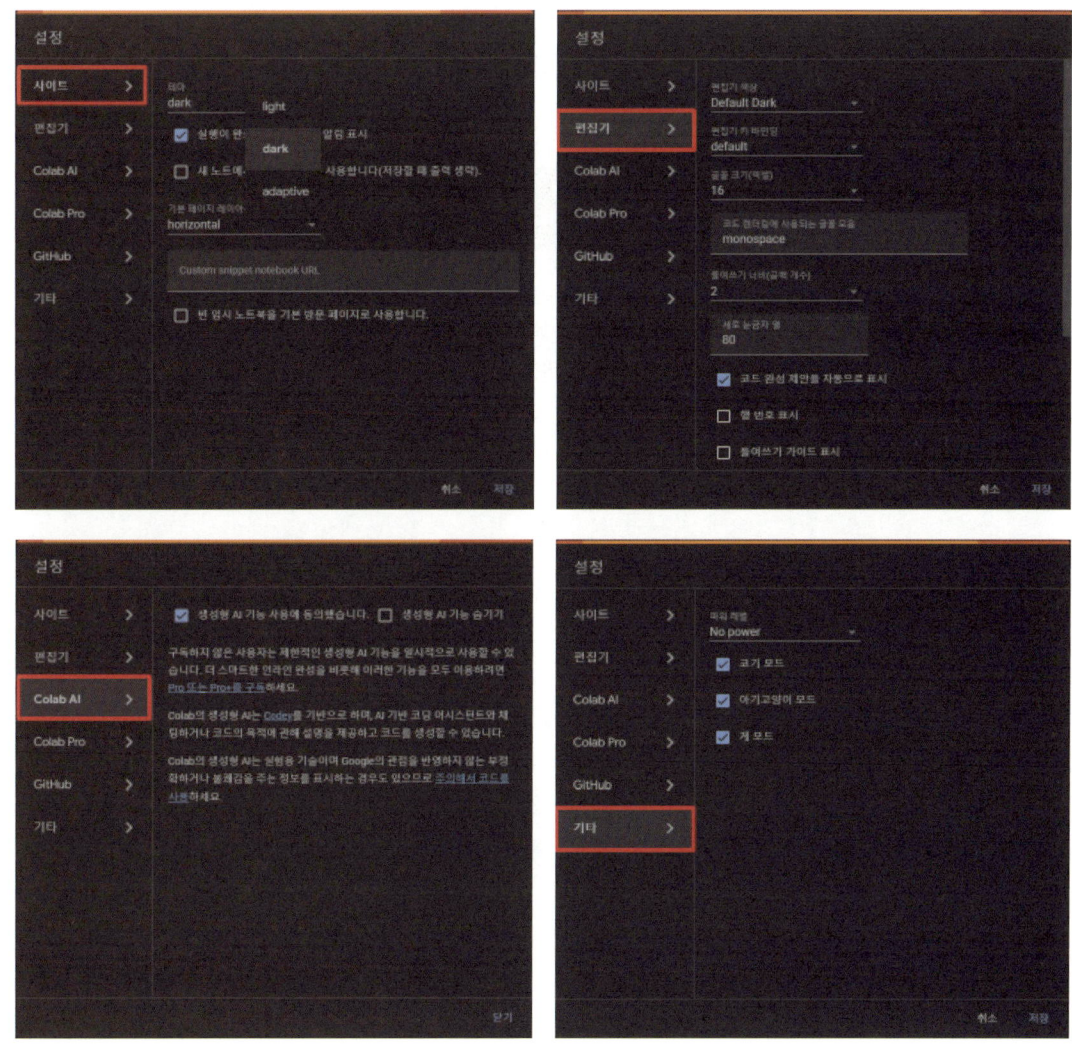

4. Replit 활용하기

Replit은 온라인에서 코드를 작성하고 실행할 수 있는 플랫폼 중 하나다. 이는 다양한 프로그래밍 언어를 지원하며, 사용자가 브라우저에서 즉시 코드를 작성하고 실행할 수 있게 해준다. 또한, 팀 협업을 쉽게 할 수 있도록 기능이 제공된다. Replit은 초보자부터 전문가까지 다양한 수준의 개발자를 대상으로 하고 있다. 웹 브라우저를 통해 어디서나 접근할 수 있어 편리하게 사용할 수 있다.

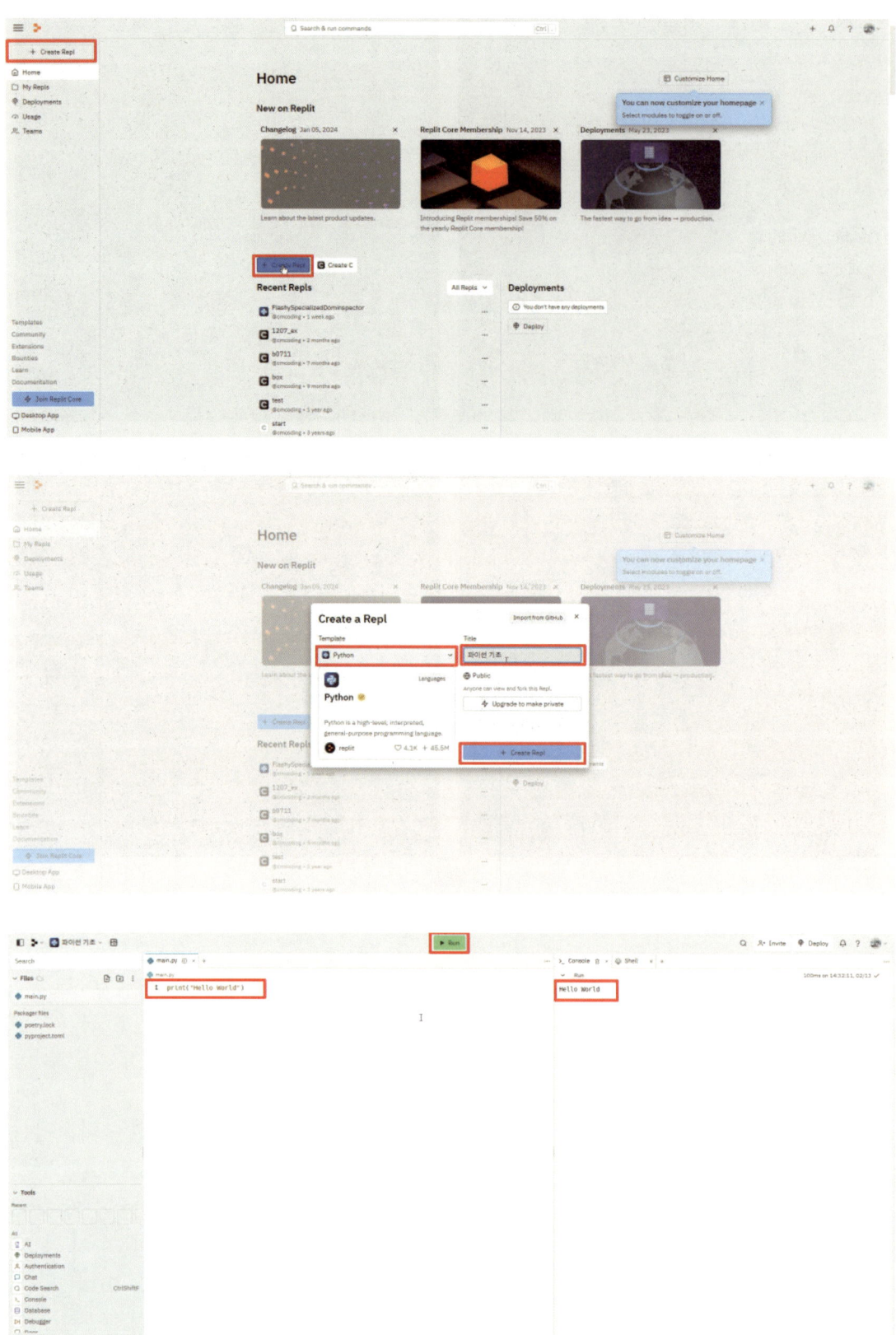

https://replit.com/ 으로 접속하고 가입하면 서비스를 이용할 수 있다. Create Repl을 누르고 title을 입력 후 페이지를 만들고 파이썬 코드를 작성하고 실행해 볼 수 있다.

07 파이썬이란

파이썬은 배우기 쉬우면서도 강력한 프로그래밍 언어다. 효율적인 자료 구조와 객체 지향 프로그래밍에 대한 간단하고도 효과적인 접근법을 제공한다. 파이썬은 간결한 문법과 동적 타이핑을 지원하는 인터프리터 언어(인터프리터 언어란 코딩된 프로그래밍 언어를 컴퓨터가 사용하는 기계어를 해석하는 것을 한 줄씩 그때그때 실행하여 결과를 확인하는 방식을 말한다.)로서, 대부분 플랫폼과 다양한 문제 영역에서 스크립트 작성과 빠른 응용 프로그램 개발에 이상적인 환경을 제공한다. 1991년, 네덜란드 수학자 "귀도 반 로섬"에 의해 개발되었으며 파이썬의 어원은 고대 그리스 신화에 나오는 파르나소스 산의 동굴에 살던 큰 뱀을 뜻한다. 귀도 반 로섬은 크리스마스에 사무실이 문을 닫아 취미로 파이썬을 개발했다고 했으며 자신이 좋아하는 코미디 프로그램 "Monty Python's Flying Circus(몬티 파이썬의 날아다니는 서커스)"에서 따온 것이라고 했다. 2004년부터 매년 인기 있는 프로그래밍 언어에 선정되었으며 인공지능 시대가 되면서 더 주목받고 있는 언어다. 귀도 반 로섬은 구글, 드롭박스에서 일하다 은퇴한 후 다시 마이크로소프트에 입사하여 현재 MS에서 일하고 있다.

08
파이썬 기초학습을 위한 노트 다운로드

깃허브로 이동해 파이썬 기초학습을 위한 노트를 다운로드해 보자.
https://github.com/ksm1560/GPT_coding_book
GPT로 코딩하기 파이썬.ipynb 파일을 누르고 오른쪽 다운로드를 선택하면 된다.

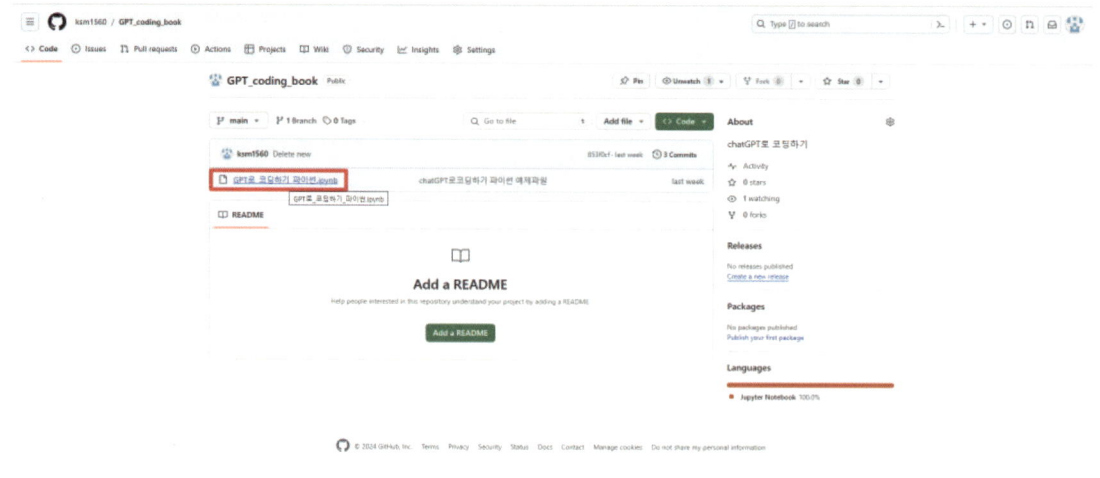

다운로드 후 구글코랩으로 이동한 후 파일-노트 업로드를 눌러 파일을 선택하고 업로드한다.

파일-Drive에 사본 저장을 눌러 사본으로 저장 후 사용한다.

* Drive에 사본 저장 시 Drive 용량이 꽉 차있다면 실행이 되지 않을 수 있다. Drive 정리가 어려운 경우 Visual Studio Code에서 실행한 후 extensions에서 jupyter와 jupyter keymap을 설치하고 사용할 수 있다.

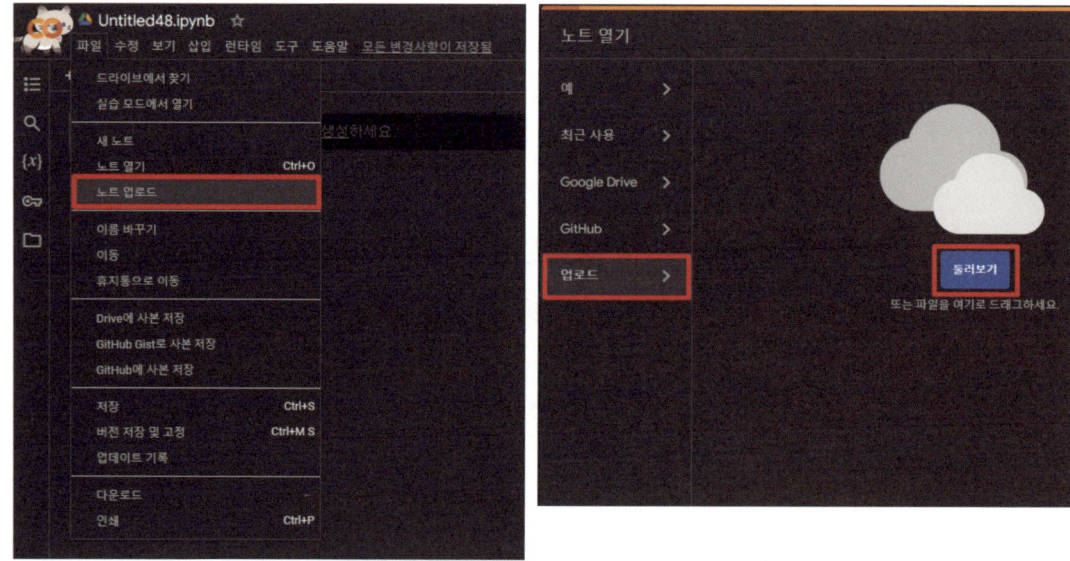

앞으로 기초학습에 사용되는 코드는 이 예제 파일을 중심으로 작성되었으므로 예제 파일과 함께 책을 보면서 실습해 보도록 하자.

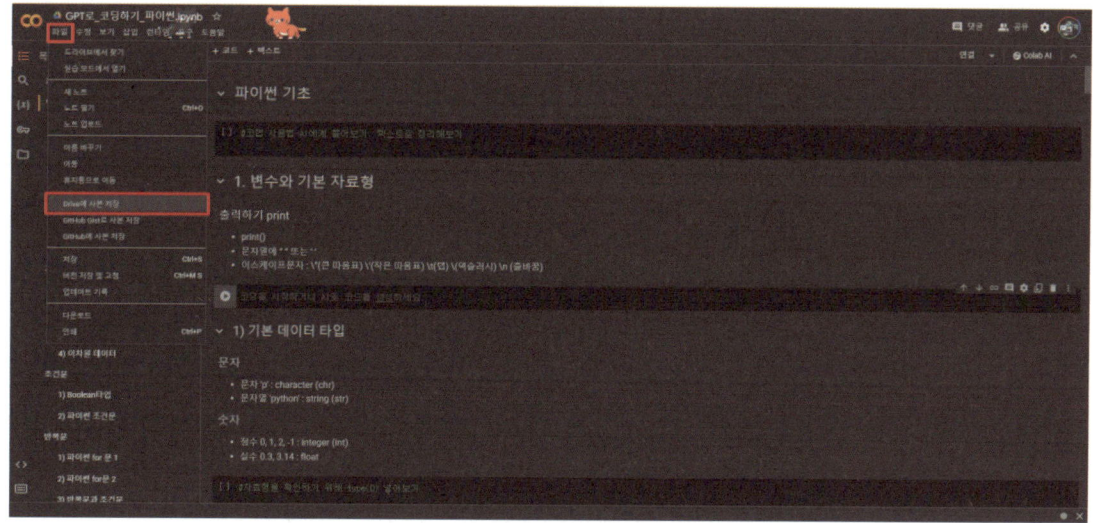

09
Colab AI활용

예제 파일에서 파이썬 기초 아랫부분이 "#코랩 사용법 AI에게 물어보기. 텍스트로 정리해보기"으로 적혀있는 부분은 주석(설명문)이다. 주석은 프로그램에는 영향을 미치지 않는 코드로 파이썬에서는 #을 사용한다. 적혀져 있는 데로 AI에게 코랩 사용법에 대해 질문을 해 보자.

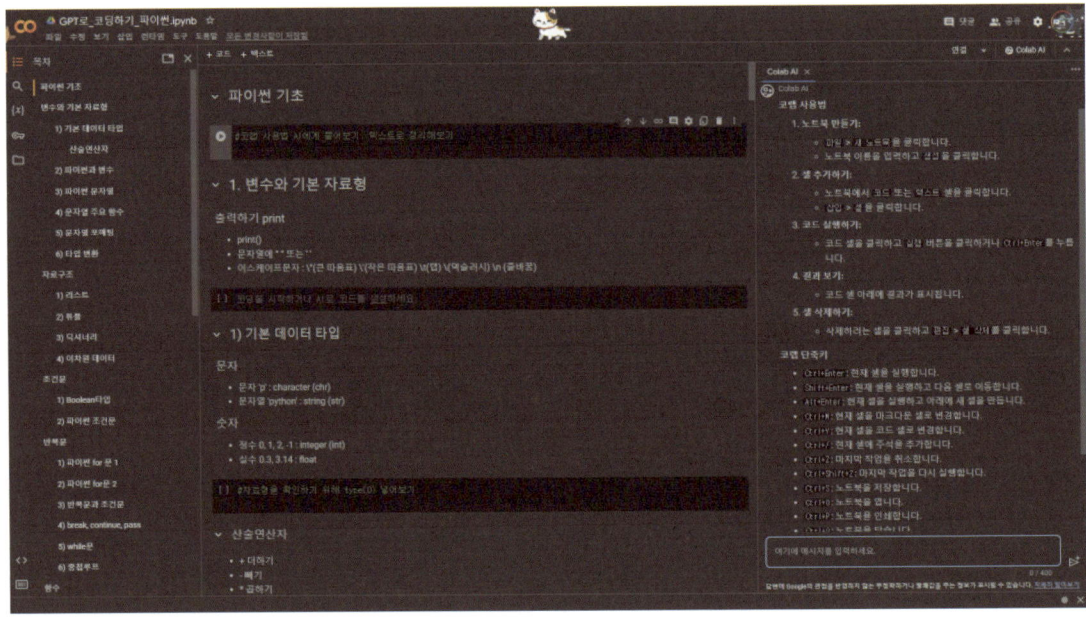

구글 코랩에서도 최근 Colab AI를 서비스하고 있다. 단 초기 시점라 실험 버전

으로 운영되고 있으며 일부 계정에서는 AI 기능이 보이지 않을 수 있다. 만약 AI가 보이지 않는다면 브라우저를 하나 더 켜고 chatGPT나 Bing Copilot, Gemini 등을 이용해서 질문하면 된다. 질문 후 답변이 나오면 드래그 복사 붙여넣기로 넣어주면 된다.

생성형 AI는 같은 공간에서 똑같은 질문을 하더라도 100% 같은 답을 제공하지 않는다. 그래서 필자와는 다르게 결과가 나올 수 있다. 추가로 코랩 단축키에 대해서도 질문해 보자.

마우스를 코드셀 아래쪽에 위치하면 +코드 +텍스트를 볼 수 있다. 상단에 있는

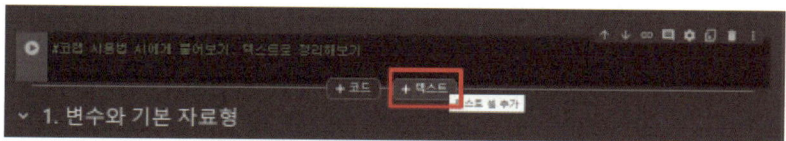

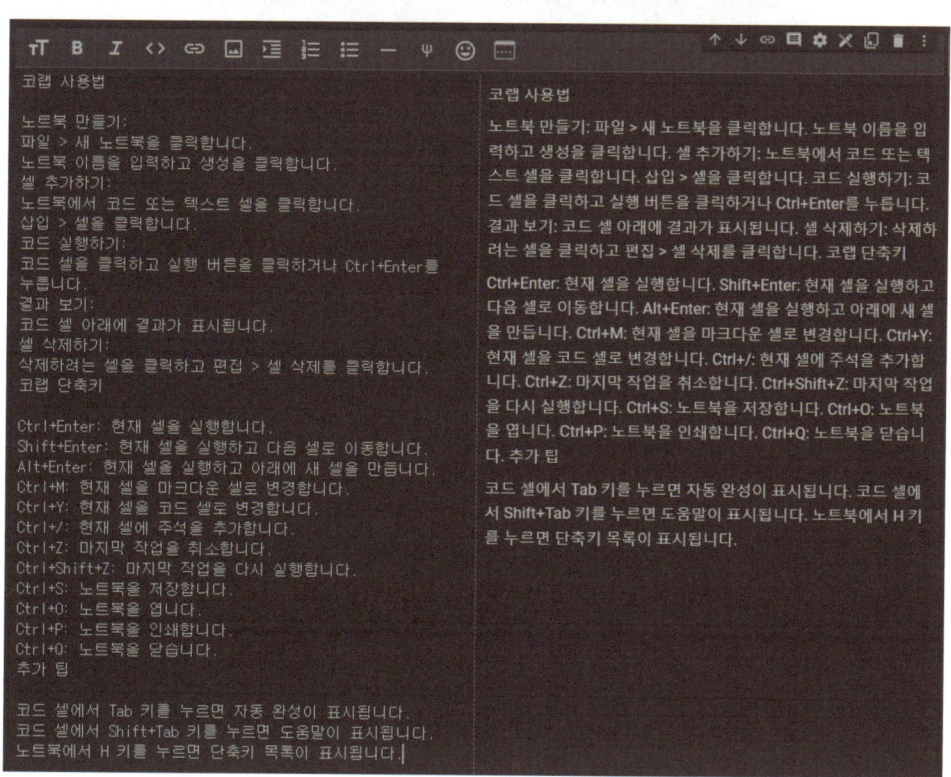

+코드 +텍스트를 눌러도 되고 +텍스트를 눌러 글을 저장하면 된다. 이때, 텍스트 환경은 마크다운(Markdown) 언어를 사용하여 텍스트를 서식 있게 표현할 수 있다. 마크다운은 간단하면서도 가독성이 좋은 문서를 작성하는 데 사용되는 경량 마크업 언어다. 코랩에서는 코드 셀 뿐만 아니라 텍스트 셀에서도 마크다운을 사용하여 제목, 목록, 링크, 이미지 등을 쉽게 추가할 수 있다. 마크다운 문

법을 활용하면 코랩 노트북을 더 효과적으로 작성할 수 있다. 코랩에서는 마크다운 가이드를 제공하고 있으니 "파일-노트 열기-예"에서 Markdown Guide를 열어 익혀보는 것도 좋다.

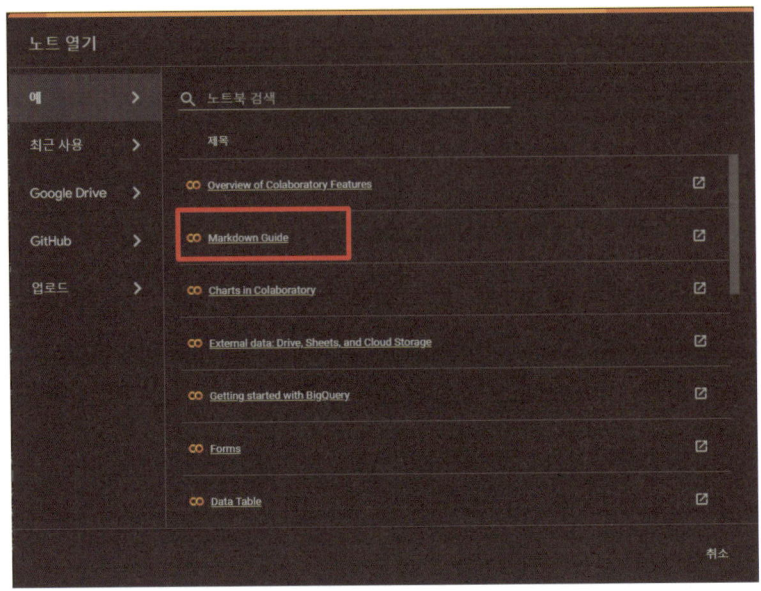

이렇게 바로 옆에 AI에게 질문하면서 궁금한 점을 질문할 수도 있고 코드에 대해서도 물어볼 수 있으며 잘못된 부분도 수정해달라고 하면 되니까 1:1 개인 과외 선생님을 만난 셈이다. 말이 나온 김에 내가 키오스크를 하나 제작하는 사람이 되었다고 생각하고 키오스크 관련 코드를 짜달라고 해보자. 내용은 자세히 적을수록 더 정확하게 나오겠지만 지금은 우선 "커피숍 키오스크를 제작하려고 해. 키오스크 제작자가 되어서 키오스크 프로그램을 작성해 줘."라고 AI에게 물어보면 코드를 쭉 작성해 줄 것이다.

작성해 준 코드를 보면서 프로그램의 동작원리를 이해하거나 코드를 수정할 수 있으려면 어느 정도 파이썬 기초를 이해하고 있어야 한다.

 커피숍 키오스크를 제작하려고 해. 키오스크 제작자가 되어서 키오스크 프로그램을 작성해 줘.

```python
# 커피 주문을 받는 함수
def take_order():
    order = {}
    order["커피 종류"] = input("어떤 커피를 드릴까요? (아메리카노, 라떼, 카푸치노)")
    order["사이즈"] = input("사이즈는 어떻게 하시겠어요? (톨, 그란데, 벤티)")
    order["샷 추가"] = input("샷을 추가하시겠어요? (예, 아니오)")
    order["시럽 추가"] = input("시럽을 추가하시겠어요? (예, 아니오)")
    return order
# 주문을 처리하는 함수
def process_order(order):
    price = 0
    if order["커피 종류"] == "아메리카노":
        price += 4100
    elif order["커피 종류"] == "라떼":
        price += 4600
    elif order["커피 종류"] == "카푸치노":
        price += 5100

    if order["사이즈"] == "그란데":
        price += 500
    elif order["사이즈"] == "벤티":
        price += 1000

    if order["샷 추가"] == "예":
        price += 500

    if order["시럽 추가"] == "예":
        price += 500

    print(f"주문하신 커피는 {order['커피 종류']} {order['사이즈']}입니다.")
    print(f"총 금액은 {price}원 입니다.")

# 주문을 시작하는 함수
def start_order():
    while True:
        order = take_order()
        process_order(order)
        continue_order = input("계속 주문하시겠어요? (예, 아니오)")
        if continue_order == "아니오":
            break
# 주문 시작
start_order()
```

10
파이썬 기초 이해하기 1
변수와 기본 자료형

1. 변수와 기본 자료형

예제 파일에서 출력부터 진행해 보자. 프로그램을 처음 배우는 사람이라면 누구나 시작 단계에서 하는 것이 출력이다. 모니터에 보여주기 위한 출력 print()를 사용해 보자. Hello python을 출력하려면 문자열이기 때문에 " " 쌍따옴표 또는 ' ' 작은따옴표를 사용해서 문자열을 감싸주어야 한다.

```
[1] print("새로운 줄\n다음 줄")
    print("탭\t사용")
    print("역슬래시는 이렇게 표현됩니다: \\")
    print("작은 따옴표는 이렇게 표현됩니다: \'")
    print("큰 따옴표는 이렇게 표현됩니다: \"")

    새로운 줄
    다음 줄
    탭     사용
    역슬래시는 이렇게 표현됩니다: \
    작은 따옴표는 이렇게 표현됩니다: '
    큰 따옴표는 이렇게 표현됩니다: "
```

코드 작성란에 print("Hello Python") 코드를 입력하고 Ctrl + Enter 또는 Shift + Enter를 눌러 실행해 보자. 처음 코드를 실행할 때는 런타임 연결이 필요해서 조금 느릴 수 있지만 한번 실행 후에는 속도가 빠르다. 만약 " " 쌍따옴표를 함께 출력해야 하는 상황이 오면 작은따옴표를 감싸주어도 되지만 역슬래시를 이용해서 출력할 수도 있다. 이를 이스케이프 문자라고 하고 줄바꿈(\n)이라던지 tab(\t) 등을 활용할 수 있다.

역슬래시(\ )는 폰트에 따라 \로 보일 수도 있고 원 달러 ₩로 보일 수도 있다. 같은 역슬래시로 보이는 것만 다르다고 생각하면 된다.

\n : 새로운 줄(개행)을 나타낸다.
\t : 수평 탭을 나타낸다.
\r : 캐리지 리턴(맨 앞으로 커서 이동)을 나타낸다.
\\ : 역슬래시(\ )를 나타낸다.
\' : 작은 따옴표(')를 나타낸다.
\" : 큰 따옴표(")를 나타낸다.

직접 타이핑하는 것이 좋지만 어렵다면 AI에게 물어보고 나온 답변을 복사해 코드셀에서 실행해 보는 것이 좋다.

1. 기본 데이터 타입

프로그래밍 언어에서 데이터의 타입은 매우 중요하다. 문자인지 숫자인지 숫자 중에서도 정수인지 실수인지를 구분해야 한다. 다른 언어에서는 더 예민하게 이 숫자가 어느 정도 용량을 차지할 수 있는지까지 구분해서 작성해 주어야 하지만 파이썬은 간단하게 자동으로 처리해 준다.

자료형을 확인해 보려면 type()이라는 명령을 사용하면 되고 type(0)을 넣었을 때 int라고 나오면 정수인 것을 확인할 수 있다. 이때 print를 하지 않았는데도 출력이 되는 것은 인터프리터 환경이라 한 줄 해석이 가능한 것이고 여러 개의 데이터 타입을 한꺼번에 확인하려면 print를 넣어서 확인하는 것이 좋다.

```
[2] # 사과 10개를 3명이 나누었을 때 각자가 받는 사과의 개수와 남는 사과의 개수를 구해보자.

사과_개수 = 10
사람_수 = 3

# 각자가 받는 사과의 개수
사과_개수_per_person = 사과_개수 // 사람_수

# 남는 사과의 개수
남는_사과_개수 = 사과_개수 % 사람_수

print(f"각자가 받는 사과의 개수: {사과_개수_per_person}")
print(f"남는 사과의 개수: {남는_사과_개수}")

각자가 받는 사과의 개수: 3
남는 사과의 개수: 1
```

파이썬 기본 데이터 타입

- 정수(int) : 정수형 데이터를 나타낸다. 예를 들어, x = 5와 같이 사용된다.
- 부동 소수점(float): 실수형 데이터를 나타낸다. 예를 들어, y = 3.14와 같이 사용된다.
- 문자열(str): 텍스트 데이터를 나타낸다. 예를 들어, name = "John"과 같이 사용된다. 문자열은 작은 따옴표(')나 큰 따옴표(")로 둘러싸여 있어야 한다.
- 불리언(bool): 참(True) 또는 거짓(False)을 나타낸다. 주로 조건문에서 사용된다. 예를 들어, is_true = True와 같이 사용된다.
- 리스트(list): 여러 값을 순서대로 담을 수 있는 자료형이다. 예를 들어, numbers = [1, 2, 3]과 같이 사용된다.
- 튜플(tuple): 리스트와 비슷하지만, 한 번 생성된 후에 값을 변경할 수 없는 자료형이다. 예를 들어, coordinates = (4, 5)과 같이 사용된다.
- 세트(set): 중복을 허용하지 않고, 순서가 없는 값들의 집합을 나타낸다. 예를 들어, fruits = {"apple", "banana", "orange"}과 같이 사용된다.
- 딕셔너리(dict): 키-값 쌍으로 이루어진 자료형으로, 각 키는 유일해야 한다. 예를 들어, person = {"name": "John", "age": 30}과 같이 사용된다.

산술연산자는 우리가 생각하는 사칙연산 외에 나머지, 몫, 제곱 등을 제공한다. 파이썬에서는 총 7개의 산술연산자가 있다. AI에게 질문해서 산술연산자 코드

를 작성해달라고 한 후 테스트해 보는 것도 좋다.

파이썬 산술연산자
더하기 +   빼기 -   곱하기 *   나누기 /   나머지 %   나눈몫 //   거듭제곱 **

2. 파이썬과 변수

변수란 값을 저장하는 **저장소**를 뜻한다. 변수에 저장된 값은 변경할 수 있으며 변수에는 하나의 값만 저장할 수 있다. 변수를 만든다는 것은 **변수 선언**이라고 하고 변수 선언이란 메모리의 한 저장 공간을 **할당**받는 것이다. 변수에 값을 저장한다는 것은 **대입**이라고도 이야기하고 메모리의 공간에 데이터를 **저장**하는 것을 말한다. 변수를 사용한다는 것은 메모리에 저장된 데이터를 사용하는 것이다.

변수의 이름을 정하는 규칙(Naming Rule)은 여러 가지가 있다. 파이썬에서는 변수명에 한글을 사용할 수 있다. 한글 또는 영어, 숫자 그리고 특수문자는 제

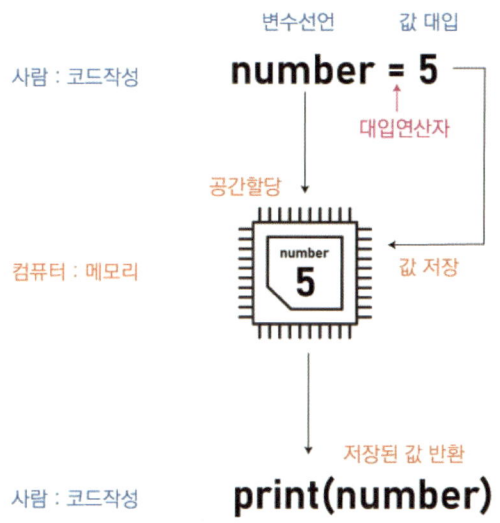

한된 특수문자("_")만 사용할 수 있다. 대소문자를 구별하고 문자와 숫자를 같이 사용할 수 있으나 숫자로 시작할 수는 없다. 공백은 사용 불가능하며 공백 대신 특수문자 _를 이용한다. 파이썬의 keyword 문자 예를 들면 정수는 int 출력은 print 같은 명령어 문자들은 변수명으로 사용이 불가능하다. 프로그램 개발은 협업이 기본이기 때문에 변수명을 만들 때 한눈에 이해할 수 있도록 변수를 만드는 것이 좋다. 그러나 배우는 단계에서는 타자도 느리고 오타 발생 시 찾기도 어렵고 하기 때문에 간단하게 a, b 같은 단순한 변수를 사용하기도 한다.

변수를 만드는 것은 아주 간단하다. 변수 이름을 쓰고 대입 연산자인 = 만 써넣어주면 된다. 3이라는 숫자를 변수 a에 저장하려면 a = 3 이런 식으로 작성하기만 하면 된다. 그다음 print(a)를 해보면 3이라는 숫자가 출력되는 것을 확인할 수 있다. 문자를 넣는 방식도 동일하다. 단 문자는 꼭 ""쌍따옴표 또는 ''작은따옴표를 이용해서 저장해 주면 된다.

변수명을 만들 때에는 스네이크 케이스(Snake Case)를 사용 권장한다.

스네이크(Snake)케이스와 카멜(Camel)케이스

스네이크 케이스 (Snake Case):
모든 단어를 소문자로 쓰고, 단어 사이를 언더스코어(_)로 구분한다.
예: my_variable_name, total_sum, user_age

카멜 케이스 (Camel Case):
첫 번째 단어는 소문자로 시작하고, 이후의 각 단어는 첫 글자를 대문자로 쓴다.
예: myVariableName, totalSum, userAge

컴퓨터에게 입력은 중요하다. 사용자에게 입력을 받아 어떤 연산처리를 한 후 출력으로 화면에 보여주게 된다. 예를 들면 "당신의 이름을 입력하세요"라고 했을 때 사용자가 "홍길동"이라는 이름을 입력하면 그 입력값을 바탕으로 "홍길동 님 안녕하세요"라고 출력해서 보여줄 수 있다.

입력도 간단하게 변수에 저장할 수 있다. 입력을 받을 때 저장 공간을 만들어놓지 않고 입력을 받을 수는 없다. 당연히 컴퓨터 메모리의 한 부분에 저장이 되어야 하고 공간을 받는 것이 변수 선언이니까 변수 이름을 넣어주고 a = input()이라는 명령을 사용해서 입력을 받아주어야 한다.

단, 입력을 받으면 무조건 문자열로 값이 들어온다. 입력에 1이라는 숫자를 입력해도 변수에는 a = '1'이 저장된 것과 같다. 컴퓨터에서 문자와 숫자 구분은 매우 중요하다. 문자열 연산처리와 숫자 연산처리가 다르기 때문이다. 그래서 문자를 숫자형태로 바꿔주어야 하는 과정이 필요하다.

이를 형 변환이라고 이야기하고 문자를 숫자 정수 형태로 변환하려면 int() 실수 형태로 변환하려면 float()를 사용하게 된다.

예시에서 과자가 1500원 아이스크림이 1000원일 때 과자 5개 아이스크림 7개 샀을 때 총 금액을 출력하기에서 코드를 작성해 보자.

```
과자 = 1500
아이스크림 = 1000
총금액 = 과자 * 5 + 아이스크림 * 7
print(총금액)
이때 총금액은 변수명이므로 ""를 붙이지 않는다.
원/달러 환율 원화계산도 마찬가지다.
원 = 1290
달러 = 900
print(원 * 달러)
```

이번에는 AI 코드 생성을 통해서 입력 예제를 만들어 달라고 요청해 보자. 코딩을 시작하거나 AI로 코드를 생성하세요.라고 되어 있는 부분에서 생성을 누르면 AI 생성 모드로 들어가게 된다. "입력 예시 5개 만들어줘"라고 입력해 보자. AI가 생성해준 예시를 보면서 이해해 보고 실행해 보자. 생성 시 1개의 답만 제시하는 것이 아니라 3~4개 정도 제시를 하기 때문에 화살표를 눌러 마음에

드는 내용을 선택하고 실행하면 된다.

```
# prompt: 입력 예시 5개 만들어줘.

#사용자의 이름을 입력받아 인사하기
name = input("이름이 뭐에요?")
print(f"안녕하세요, {name}씨!")

#사용자의 나이를 입력받아 미성년자인지 확인하기
age = int(input("나이가 어떻게 되세요?"))
if age < 20:
  print("미성년자입니다.")
else:
  print("성인입니다.")

#사용자의 키와 몸무게를 입력받아 비만도를 계산하기
height = float(input("키를 입력해주세요(m): "))
weight = float(input("몸무게를 입력해주세요(kg): "))
bmi = weight / (height ** 2)
print(f"비만도(BMI)는 {bmi:.2f}입니다.")

#사용자에게 두 개의 숫자를 입력받아 사칙연산을 수행하기
num1 = float(input("첫 번째 숫자를 입력하세요: "))
num2 = float(input("두 번째 숫자를 입력하세요: "))
print(f"덧셈: {num1 + num2}")
print(f"뺄셈: {num1 - num2}")
print(f"곱셈: {num1 * num2}")
print(f"나눗셈: {num1 / num2}")

#사용자에게 문자열을 입력받아 대문자로 변경하기
string = input("문자열을 입력하세요: ")
print(f"대문자로 변경: {string.upper()}")
```

3.　파이썬 문자열

문자열이란 말 그대로 문자의 나열이다. " " 쌍따옴표나 ' ' 작은따옴표를 감싸 사용하는 문자열 데이터 타입은 여러 가지 특징을 가지고 있다. 문자열끼리 연산하는 문자열 연결 연산자 + 반복 연산자 * 를 사용할 수 있다. 또, 문자열은 인덱싱(번호)를 가지고 있고 인덱스를 사용해 슬라이싱이 가능하다.
a = "Hello"라는 변수와 b = "python"이라는 변수가 있을 때 아래와 같이 코드를 작성하고 결과를 확인해 보자.

```
#문자열 연산하기 + 연결 * 반복
a = "Hello"
b = "python"
print(a + b)
print(a, b)
print(a * 3)

Hellopython
Hello python
HelloHelloHello
```

문자열 인덱싱

a = "GPT로 코딩하기"

인덱스는 항상 0번부터 시작한다.
a라는 문자열의 0번은 "G"
이때 띄어쓰기도 인덱스를 차지한다.
거꾸로 인덱스를 셀 수도 있다. 끝에서부터 -1, -2 이런 식으로 인덱스를 확인해 보자.

a = "GPT로 코딩하기"

index	0	1	2	3	4	5	6	7	8
	G	P	T	로		코	딩	하	기

index	-9	-8	-7	-6	-5	-4	-3	-2	-1
	G	P	T	로		코	딩	하	기

print(a[0])	G	print(a[-1])	기
print(a[1])	P	print(a[-2])	하
print(a[2])	T	print(a[-3])	딩
print(a[3])	로	print(a[-4])	코
print(a[4])		print(a[-5])	
print(a[5])	코	print(a[-6])	로
print(a[6])	딩	print(a[-7])	T
print(a[7])	하	print(a[-8])	P
print(a[8])	기	print(a[-9])	G

슬라이싱

슬라이싱은 대괄호 안에 콜론을 사용해서 [시작:끝+1:간격]의 개념으로 생각하면 된다. 시작부터 끝 번호 앞까지 예를 들어 [0:5]라면 0~4까지 보여주게 된다. 처음부터 끝까지 2칸씩 띄워서 출력하고 싶을 때에는 [::2] 이렇게 입력해주면 된다. 반대로 출력하려면 [::-1]을 해주면 된다.

어떻게 활용하는지 예제를 준비했다. 예제 파일에서 아무개님 주민번호에서 연월일 부분만 출력하고 싶을 때 슬라이싱을 활용해서 출력해 보자.

　　print(reg_num[:6])

차량 번호에서 끝 번호 네 자리를 출력해 보자.

　　print(car_num[-4:])

간단하게 해결할 수 있다. AI를 활용해서 인덱싱 슬라이싱 예제를 더 만들어보고 학습해 보자. 인덱스는 매우 중요한 개념이기 때문에 잘 이해하고 넘어가도록 하자.

a = "GPT로 코딩하기"

index	0	1	2	3	4	5	6	7	8
	G	P	T	로		코	딩	하	기

index	-9	-8	-7	-6	-5	-4	-3	-2	-1
	G	P	T	로		코	딩	하	기

print(a[:])　　GPT로 코딩하기
print(a[1:6])　PT로 코
print(a[-4:])　코딩하기
print(a[:-1])　GPT로 코딩하
print(a[::2])　GT 딩기
print(a[::-1])　기하딩코 로TPG

문자열 주요함수

문자열에서 활용할 수 있는 파이썬 내장함수는 아주 많다. 자세한 내용은 파이썬 공식 사이트의 docs에서 확인할 수 있다.

문자열 주요 함수
.upper() : 문자열의 대문자 변환
.lower() : 문자열의 소문자 변환
.title() : 문자열의 제목화 앞글자만 대문자 변환
.split(sep) : sep 기준으로 분할하기
.join(리스트) : 연결하기
.find() : 문자열 찾기
.strip() .rstrip() .lstrip() : 공백제거 (앞뒤, 오른쪽, 왼쪽)
.startwith(prefix) : prefix로 시작하는지 확인
.endwith(suffix) : suffix로 끝나는지 확인
.replace(이전,변경) : 문자열 교체
len() : 길이구하기
인덱스로 수정하기
in, not in : 문자열 체크
.isXXX() : 문자열 구성 파악하기
– .isalnum() : 알파벳과 숫자로만 이루어 졌는지 확인
– .isalpha() : 알파벳으로만 이루어 졌는지 확인
– .isidentifier() : 식별자로 사용할 수 있는지 확인
– .isdecimal() : 정수인지 확인
– .isdigit() : 숫자로 인식될 수 있는지 확인
– .isspace() : 공백으로만 이루어 졌는지 확인
– .islower() : 소문자로만 이루어 졌는지 확인
– .isupper() : 대문자로만 이루어 졌는지 확인

https://docs.python.org/3/library/stdtypes.html#string-methods
주로 많이 쓰는 문자열 주요 함수에 대해 알아보자. 문자열의 길이를 구하려면 len(변수)를 넣어서 길이를 구할 수 있다.

```python
# .upper()   .lower()   .title()   .split()   .join()
# 원본 문자열
original_string = "Hello, World!"

# 1. 대문자로 변환
uppercase_string = original_string.upper()
print("1. 대문자로 변환:", uppercase_string)

# 2. 소문자로 변환
lowercase_string = original_string.lower()
print("2. 소문자로 변환:", lowercase_string)

# 3. 각 단어의 첫 글자를 대문자로 변환
title_case_string = original_string.title()
print("3. 각 단어의 첫 글자를 대문자로 변환:", title_case_string)

# 4. 문자열을 공백을 기준으로 나누어 리스트로 반환
original_string = "apple orange banana"
string_list = original_string.split()
print("4. 문자열을 공백을 기준으로 나누어 리스트로 반환:", string_list)

# 5. 리스트의 각 요소를 문자열로 합치기
word_list = ['apple', 'orange', 'banana']
joined_string = '-'.join(word_list)
print("5. 리스트의 각 요소를 문자열로 합치기:", joined_string)
```

```
1. 대문자로 변환: HELLO, WORLD!
2. 소문자로 변환: hello, world!
3. 각 단어의 첫 글자를 대문자로 변환: Hello, World!
4. 문자열을 공백을 기준으로 나누어 리스트로 반환: ['apple', 'orange', 'banana']
5. 리스트의 각 요소를 문자열로 합치기: apple-orange-banana
```

문자열 포맷팅

포맷팅은 문자열 내에 어떤 값을 삽입하는 방법이다. 포맷팅 하는 방법은 크게 3가지가 있다. %포맷팅, format 함수를 이용한 포맷팅, f-string을 이용한 포맷팅이다.

print("안녕하세요 %s 님. %d일째 방문 감사합니다" % ("수미", 10))

하나씩 살펴보면 포맷은 %를 활용한다. %포맷팅을 활용하기에는 영단어를 이해하고 있으면 좋다. 문자열은 string이라 %s 숫자는 10진 정수 Decimal이라 %d, 8진 정수는 Octal %o 16진 정수는 %X, %x를 활용한다.

출력할 내용을 " " 쌍따옴표 안에 넣을 때 공간을 확보한다고 생각하면 이해가 쉽다. 문자열이 들어갈 공간 %s 10진 정수가 들어갈 공간 %d를 만든 후에 쌍따옴표 뒤에 %를 붙이고 괄호를 해준 후 차례로 , 콤마를 기준으로 입력해 주면 된다.

두 번째 방법은 포맷 함수 사용이다.

기본 구조는 " " 쌍따옴표 안에 공간 확보를 위해 { }중괄호를 넣어준 후 쌍따옴표 뒤에 .format() 괄호 안에 들어갈 변수나 문자열, 숫자 등을 콤마를 기준으로 넣어주면 된다. 이때도 인덱스를 넣어줄 수 있는데 예를 들어

    print("안녕하세요 {1}님. {0}일째 방문 감사합니다".format(a,b))

일 때 중괄호 안에 숫자를 넣어주게 되면 포맷 함수 괄호 안의 인덱스를 기준으로 변수를 넣어 출력할 수 있다. 1에는 b변수가 0에는 a변수가 들어가게 되는 원리다.

세 번째 f-string은 파이썬 3.6버전부터 사용이 가능하다. " " 쌍따옴표 앞에 f를 붙이고 활용하는 방법으로 {변수명} 중괄호 안에 바로 변수명을 넣어 사용할 수 있다.

    name1 = "Tom"
    score1 = 90
    print(f"이름 : {name1} 성적 : {score1}")

```
# 1. % 포맷팅
name = "Alice"
age = 25
percentage = 80.5

# 문자열 안에 변수 값을 삽입하는 방법
formatted_string_percent = "1. 안녕하세요, %s님! %d세이고, 성적은 %.1f점입니다." % (name, age, percentage)
print(formatted_string_percent)

# 2. format() 함수 포맷팅
# 중괄호 {}를 사용하여 문자열 안에 변수를 삽입하는 방법
formatted_string_format = "2. 안녕하세요, {}님! {}세이고, 성적은 {}점입니다.".format(name, age, percentage)
print(formatted_string_format)

# 3. f-string 포맷팅 (파이썬 3.6 이상에서 사용 가능)
# 문자열 앞에 f를 붙이고 중괄호 {} 안에 변수를 직접 사용하는 방법
formatted_string_fstring = f"3. 안녕하세요, {name}님! {age}세이고, 성적은 {percentage}점입니다."
print(formatted_string_fstring)

1. 안녕하세요, Alice님! 25세이고, 성적은 80.5점입니다.
2. 안녕하세요, Alice님! 25세이고, 성적은 80.5점입니다.
3. 안녕하세요, Alice님! 25세이고, 성적은 80.5점입니다.
```

여기서 잠깐 2진수부터 16진수까지의 진수 체계는 컴퓨터 과학 및 프로그래밍에서 중요한 역할을 한다. 이진수는 컴퓨터의 기본 단위인 비트를 표현하는 데 사용되며, 16진수는 보다 간결한 표현을 위해 많이 사용된다. 컴퓨터의 RGB 컬러 코드를 표현할때 #ff0000 이런 코드를 본 적이 있을 것이다. 바로 16진수를 사용해서 Red = ff(255) Green = 00(0) Blue = 00(0) 으로 표현된 것이다.

진수의 이해

2진수 (Binary): 0 1

0과 1 두 개의 숫자만 사용한다.

예: 1010 (10진수로는 10)

8진수 (Octal): 0 1 2 3 4 5 6 7

0부터 7까지의 숫자를 사용한다.

예: 12 (10진수로는 10)

10진수 (Decimal): 0 1 2 3 4 5 6 7 8 9

일반적으로 우리가 사용하는 숫자로 0부터 9까지의 숫자를 사용한다.

예: 15

16진수 (Hexadecimal): 0 1 2 3 4 5 6 7 8 9 A B C D E F

0부터 9까지의 숫자와 A부터 F까지의 알파벳을 사용한다. (A=10, B=11, C=12, D=13, E=14, F=15).

예: 1A (10진수로는 26)

타입변환

입력에서도 잠깐 살펴보았듯이 문자열을 정수로 변경하려면 int(문자열)을 넣어주면 된다. 다른 데이터 타입으로 변환하는 것도 마찬가지로 활용할 수 있다. 만약 "12345"를 리스트 형태로 받고 싶다면 a = list("12345") 라고 하고 print(a)로 확인해 보자.

```python
# 정수에서 부동 소수점으로의 변환
integer_number = 42
float_number = float(integer_number)
print(f"정수에서 부동 소수점으로의 변환: {float_number}")

# 부동 소수점에서 정수로의 변환
float_number = 3.14
integer_number = int(float_number)
print(f"부동 소수점에서 정수로의 변환: {integer_number}")

# 숫자를 문자열로 변환
number = 123
string_number = str(number)
print(f"숫자를 문자열로 변환: {string_number}")

# 문자열을 정수로 변환 (만약 문자열이 정수로 변환될 수 없다면 ValueError 발생)
string_integer = "456"
integer_from_string = int(string_integer)
print(f"문자열을 정수로 변환: {integer_from_string}")

# 문자열을 부동 소수점으로 변환 (만약 문자열이 부동 소수점으로 변환될 수 없다면 ValueError 발생)
string_float = "3.14"
float_from_string = float(string_float)
print(f"문자열을 부동 소수점으로 변환: {float_from_string}")

# 숫자를 다른 진수로 변환 (10진수를 2진수, 8진수, 16진수로 변환)
decimal_number = 25
binary_number = bin(decimal_number)
octal_number = oct(decimal_number)
hexadecimal_number = hex(decimal_number)
print(f"10진수를 2진수로 변환: {binary_number}")
print(f"10진수를 8진수로 변환: {octal_number}")
print(f"10진수를 16진수로 변환: {hexadecimal_number}")

# ord() - 문자의 ASCII 코드를 반환
char = 'A'
ascii_code = ord(char)
print(f"문자 '{char}'의 ASCII 코드: {ascii_code}")

# list() - 다른 iterable을 리스트로 변환
string_to_list = list("Python")
print(f"문자열을 리스트로 변환: {string_to_list}")

# tuple() - 다른 iterable을 튜플로 변환
list_to_tuple = tuple([1, 2, 3, 4, 5])
print(f"리스트를 튜플로 변환: {list_to_tuple}")
```

```
정수에서 부동 소수점으로의 변환: 42.0
부동 소수점에서 정수로의 변환: 3
숫자를 문자열로 변환: 123
문자열을 정수로 변환: 456
문자열을 부동 소수점으로 변환: 3.14
10진수를 2진수로 변환: 0b11001
10진수를 8진수로 변환: 0o31
10진수를 16진수로 변환: 0x19
문자 'A'의 ASCII 코드: 65
문자열을 리스트로 변환: ['P', 'y', 't', 'h', 'o', 'n']
리스트를 튜플로 변환: (1, 2, 3, 4, 5)
```

11
파이썬 기초 이해하기2 자료구조

파이썬의 기본 자료구조는 리스트, 튜플, 딕셔너리, 집합이다.

■ 리스트: 순서가 있는 변경 가능한 항목 모음이다. 대괄호를 써서 표현한다.
   a = [1,2,3,4,5]

■ 튜플: 순서가 있는 변경 불가능한 항목 모음이다. 소괄호를 써서 표현한다.
   a = (1,2,3,4,5)

■ 딕셔너리: 키와 값의 쌍으로 구성된 순서가 없는 변경 가능한 컬렉션입니다. 중괄호와 콜론을 써서 표현한다. 인덱스가 없고 키:값으로 이루어진다.
   a = {'이름':'홍길동','나이':24,'직업':'프로그래머'}

■ 집합 set: 순서가 없고 중복이 허용되지 않는 고유 항목의 변경 가능한 컬렉션입니다. 중괄호를 사용한다.
   A = {1,2,3,4,5}

리스트

리스트는 활용도가 매우 높은 자료구조로 리스트에 대해 잘 이해하도록 하자. 리스트의 특징은 , 콤마를 기준으로 데이터를 넣어주면 되는데 이때 데이터 타입이 다르더라도 하나의 리스트로 만들 수 있다. 만약 빈 리스트를 만들고 거기에 데이터를 추가하고 싶다면 .append()라는 내장함수를 사용하면 된다.

리스트 주요 함수

.append() : 리스트 추가. 리스트의 끝부분에 데이터가 저장된다.
.insert(인덱스,원소) : 리스트 삽입. 인덱스번째에 데이터가 저장된다.
del 리스트[인덱스] : 리스트 삭제. 인덱스를 사용해서 리스트 내 데이터를 삭제할 수 있다.
.remove(원소) : 리스트 삭제. 어떤 특정한 값을 제거하고자 할 때 사용한다.
.extend() : 리스트 확장. 리스트를 확장하고 싶을 때 사용한다.
.reverse() : 순서 뒤집기. 리스트 순서를 뒤집을 때 사용한다.
max(리스트) : 최댓값. 리스트 내의 최댓값을 찾을 수 있다.
min(리스트) : 최솟값. 리스트 내의 최솟값을 찾을 수 있다.
sorted(리스트, revers=True) : 리스트 정렬. 리스트를 정렬할 수 있다. 임시로 확인할 경우 사용한다.
.sort() : 원본 정렬. 원본을 정렬한다. 기본 오름차순, 괄호 안에 reverse=True 를 넣어주면 내림차순 정렬이다.
+ : 리스트 연결. 문자열과 마찬가지로 +와 * 연산자를 사용할 수 있다.
* : 리스트 반복
.index(원소) : 인덱스 찾기 어떤 값의 위치를 파악하고자 할 때 사용한다.
.count(원소) : 값의 개수 세기 어떤 값의 개수를 세고자 할 때 사용한다.

하나씩 예제를 만들어 확인해 보고 이해하고 넘어가도록 한다.
AI를 활용해 리스트 예제를 더 만들어 확인해 보자.

튜플

튜플도 리스트와 비슷하지만 튜플은 데이터를 수정할 수 없다.
튜플을 만들 때는 소괄호와 콤마를 활용한다. 단, 소괄호에 정수 1개만 넣을 경우 파이썬은 int형 정수로 처리한다.

    A = (1) int형 정수로 처리
    A = 1, 콤마만 넣어줘도 tuple로 처리된다.
    A = (1,) tuple로 처리된다.
    A = (1,2,3) tuple로 처리된다.

튜플은 값을 수정할 수 없기 때문에 읽기 전용으로 써야 할 때나 데이터를 절대 변경하지 않아야 할 경우 사용하고 꼭 변경해야 하는 경우가 생기면 리스트 형태로 바꾼 후 값을 변경해야 한다.

패킹(packing) 언패킹(Unpacking)

패킹, 언패킹은 여러 값을 하나의 변수에 담거나 하나의 변수에서 여러 값을 꺼내오는 것을 의미한다. 패킹은 여러 값을 하나의 변수에 묶어서 저장하는 것을 말한다. 리스트나 튜플 등을 사용하여 여러 값을 하나의 변수에 넣는 것이 패킹이다.

    패킹된_변수 = (1,2,3)

여기서 (1,2,3)은 세 개의 값을 하나의 변수에 패킹한 것이다.
언패킹은 하나의 변수에서 여러 값을 꺼내와서 여러 변수에 각각 할당하는 것을 말한다. 리스트나 튜플 등을 사용하여 변수에 저장된 값을 꺼내오는 것이 언패킹이다.

    변수1, 변수2, 변수3 = 패킹된_변수

이렇게 하면 변수1에는 1 변수2에는 2 변수3에는 3이 할당된다.
파이썬은 변수1, 변수2 = 변수2, 변수1 과 같이 두 개의 변수를 변경할 때도 한 번에 처리가 가능하다.

```
# 튜플 생성
my_tuple = (1, 2, 3, "apple", "banana")

# 튜플 출력
print("튜플 출력:", my_tuple)

# 튜플의 각 요소에 접근
print("튜플의 세 번째 요소:", my_tuple[2])
print("튜플의 마지막 요소:", my_tuple[-1])

# 튜플 슬라이싱
subset_of_tuple = my_tuple[1:4]
print("튜플 슬라이싱:", subset_of_tuple)

# 패킹 (값들을 튜플로 묶음)
packed_tuple = 1, 2, 3, "apple"
print("패킹된 튜플:", packed_tuple)

# 언패킹 (튜플의 값을 각각의 변수에 할당)
a, b, c, fruit = packed_tuple
print("언패킹된 변수들:", a, b, c, fruit)
```

```
튜플 출력: (1, 2, 3, 'apple', 'banana')
튜플의 세 번째 요소: 3
튜플의 마지막 요소: banana
튜플 슬라이싱: (2, 3, 'apple')
패킹된 튜플: (1, 2, 3, 'apple')
언패킹된 변수들: 1 2 3 apple
```

딕셔너리

딕셔너리를 사용할 때에는 인덱스가 아닌 키를 이용한다. 인덱스 대신 키를 이용해서 해당 값을 찾을 수 있다.
딕셔너리를 만들 때 직접 입력하는 방법은 아래와 같다.

    d = {'이름':'홍길동','나이':24,'직업':'프로그래머'}

dict()함수를 통해서도 생성할 수 있다.

    d = dict(이름='홍길동', 나이=24,직업='프로그래머')

이때 키는 ' ' 작은따옴표를 붙이지 않아도 키로 입력이 가능하다.
딕셔너리에 항목을 추가하려면 키와 값을 아래와 같이 써주면 된다.

    d['연락처'] = '0101112222'

항목을 수정하고자 할 때에도 키를 이용한다.

d['연락처'] = '010-111-2222'

```
# 딕셔너리 생성
my_dict = {
    "name": "John",
    "age": 30,
    "city": "New York",
    "grades": {"math": 90, "english": 85, "science": 95}
}

# 딕셔너리 출력
print("전체 딕셔너리:", my_dict)

# 특정 키에 대한 값 접근
print("이름:", my_dict["name"])
print("나이:", my_dict["age"])

# 중첩된 딕셔너리 값 접근
print("수학 성적:", my_dict["grades"]["math"])

# 딕셔너리에 새로운 키-값 추가
my_dict["gender"] = "Male"
print("새로운 키-값 추가 후 딕셔너리:", my_dict)

# 딕셔너리의 키들만 리스트로 반환
keys_list = list(my_dict.keys())
print("딕셔너리의 키들:", keys_list)

# 딕셔너리의 값들만 리스트로 반환
values_list = list(my_dict.values())
print("딕셔너리의 값들:", values_list)

# 딕셔너리의 키-값 쌍들을 튜플로 반환
items_tuple_list = list(my_dict.items())
print("딕셔너리의 키-값 쌍들:", items_tuple_list)
```

```
전체 딕셔너리: {'name': 'John', 'age': 30, 'city': 'New York', 'grades': {'math': 90, 'english': 85, 'science': 95}}
이름: John
나이: 30
수학 성적: 90
새로운 키-값 추가 후 딕셔너리: {'name': 'John', 'age': 30, 'city': 'New York', 'grades': {'math': 90, 'english': 85, 'science': 95}, 'gender': 'Male'}
딕셔너리의 키들: ['name', 'age', 'city', 'grades', 'gender']
딕셔너리의 값들: ['John', 30, 'New York', {'math': 90, 'english': 85, 'science': 95}, 'Male']
딕셔너리의 키-값 쌍들: [('name', 'John'), ('age', 30), ('city', 'New York'), ('grades', {'math': 90, 'english': 85, 'science': 95}), ('gender', 'Male')]
```

딕셔너리 주요 함수

.update({키:값, 키:값}) : 리스트 항목 변경

.keys() : 키 목록만 가져올 때

.values() : 값 목록만 가져올 때

.items() : 키와 값 목록을 가져올 때

in, not in : 키 값이 딕셔너리에 있는지 조회

del d['연락처'] : 딕셔너리 항목 삭제

.pop(key): 딕셔너리 항목 삭제

.popitem(): 마지막 마지막 항목 삭제

* Pop()과 popitem()은 값을 뽑아내면서 삭제하는 기능이다.

.get(key, default): 딕셔너리의 값을 얻기

   .get('이름')

  값이 없는 경우 none이 출력되는데 다른 값으로 대체해서 보여주고 싶을 경우 보여줄 값을 설정할 수도 있다.

   d.get('연락처',0)

.clear(): 딕셔너리의 모든 키-값 제거

.copy(): 딕셔너리 복사

딕셔너리는 테이블 형태의 데이터를 표현할 때 유용하게 사용된다.

집합

파이썬에서 'set'은 중복되지 않는 값을 가지는 변경 가능한 데이터 타입이다. 집합 set은 중괄호를 사용한다. 집합은 다양한 데이터 타입을 포함할 수 있고 값을 추가하거나 제거할 수 있다. 집합의 연산에는 합집합(|), 교집합(&), 차집합(-) 등의 연산을 지원한다. 집합은 순서가 없기 때문에 인덱스로 요소에 접근할 수 없다. 값의 변경이 불가능한 집합을 만들 수도 있는데 이때 불변(immutable)한 집합인 'frozenset'를 사용한다. 집합은 고유한 값을 가질 때 유용하며, 집합 연산을 통해 데이터를 효과적으로 다룰 수 있다. 집합을 사용하면 중복을 피하고 집합 연산을 통해 데이터를 처리할 수 있어서 효과적이다.

집합 주요 함수

.add(element): 집합에 원소 추가

.update(iterable): 다른 iterable의 모든 요소를 집합에 추가

.remove(element): 집합에서 주어진 원소를 제거

.union(other_set): 두 집합의 합집합을 반환

.intersection(other_set): 두 집합의 교집합을 반환

.difference(other_set): 첫 번째 집합에서 두 번째 집합을 뺀 차집합을 반환

.copy(): 집합을 복사하여 새로운 집합을 반환

.clear(): 집합의 모든 원소를 제거

```python
#집합의 생성:
my_set = {1, 2, 3, 4, 5}

#중복된 값은 허용되지 않음:
my_set = {1, 2, 3, 3, 4, 5, 5}
print(my_set) # 출력: {1, 2, 3, 4, 5}

#다양한 데이터 타입을 포함할 수 있음:
mixed_set = {1, 'hello', 3.14, (1, 2, 3)}

#변경 가능한(mutable) 데이터 타입:
my_set.add(6)  # 값을 추가
my_set.remove(3)   # 값을 제거
# 여러 값 한 번에 추가
my_set.update({7, 8, 9})
print("여러 값 추가 후:", my_set)

#집합 연산 지원: 합집합, 교집합, 차집합 등의 연산
set1 = {1, 2, 3, 4, 5}
set2 = {3, 4, 5, 6, 7}

union_set = set1 | set2  # 합집합
intersection_set = set1 & set2   # 교집합
difference_set = set1 - set2  # 차집합
print("합집합 :",union_set,"교집합 :",intersection_set, "차집합 :", difference_set)

#frozenset 불변(immutable)한 집합:
frozen_set = frozenset([1, 2, 3, 4, 5])
```

```
{1, 2, 3, 4, 5}
여러 값 추가 후: {1, 2, 4, 5, 6, 7, 8, 9}
합집합 : {1, 2, 3, 4, 5, 6, 7} 교집합 : {3, 4, 5} 차집합 : {1, 2}
```

12
파이썬 기초 이해하기3 조건문

bool 타입은 불리언(Boolean) 값을 나타내는 자료형이다. 불리언은 참(True) 거짓(False) 중 하나만 가질 수 있는 자료형이다. bool 타입은 주로 조건문과 논리연산에서 사용된다. 컴퓨터는 2진수로 표현하기 때문에 0은 거짓으로 1은 참으로 나타내기도 한다. 파이썬에서는 True T는 대문자로 써준다. False도 F는 대문자로 써주어야 한다. 아래와 같은 예제가 있다고 했을 때 print를 해보면 True False로 나오는 것을 확인할 수 있다.

```
x = 5
y = 10
print(x < y)
```

조건문을 이해하기 전에 먼저 비교연산자, 논리연산자를 이해해 보자. 비교연산자는 총 6개로 구성되어 있다. 초보자들의 가장 잦은 실수는 같다를 =으로 쓰는 경우라서 신경 써야 한다. 프로그램 언어에서 = 은 대입 연산자로 값을 넣는다라는 개념으로 이해해야 하고 ==이 같다는 뜻으로 해석된다. 부등호도 잘 이해해야 하는데 왼쪽을 기준으로 읽으면 된다. < 는 작다. > 크다.를 나타내며 작거나 같다를 쓸 경우에 =을 앞에 쓰면 오류가 나므로 주의해야 한다.

비교연산자
== 같다 != 다르다 \> 크다 < 작다 \>= 크거나 같다 <= 작거나 같다

논리연산자는 and, or, not 연산자가 있다. and는 양쪽의 경우가 모두 참일 때만 참. or은 둘 중 하나가 참이면 참, not은 참과 거짓을 뒤집는 경우에 사용한다.

논리연산자		
a = True b = False		
and	논리 AND 연산. 둘 다 참일때만 참	(a and b) = False
or	논리 OR 연산, 둘 중 하나만 참이어도 참	(a or b) = True
not	논리 not 연산. 논리 상태를 반전	not(a) = False

조건문은 만약에 ~라면 ~를 실행해라.라고 하는 경우에 사용하며 프로그램의 대부분의 명령에 많이 사용된다.

   if 조건:
      참일때 실행할 내용(명령)

조건 끝에 콜론을 사용하고 엔터를 치면 들여 쓰기가 자동으로 되는데 보통 두 칸, 4칸 또는 탭을 사용한다. **indentation**이라고 하고 **들여 쓰기**를 잘못할 경우

에러가 나기 때문에 줄맞춤을 주의해야 한다.

조건문에서 참이 아닐 경우에 실행하는 것은 else를 함께 쓴다.
else 옆에도 콜론을 붙여 사용하고 조건문이 참이 아닐 경우 해당하는 명령을 입력해 주면 된다. 이때도 마찬가지로 들여 쓰기에 주의해야 한다.

만약 또 다른 조건이 여러 개라면 elif를 사용한다. else if를 줄여서 elif로 표현하고 elif 옆에도 항상 조건이 붙어야 한다. else는 마지막에 한 번만 사용할 수 있고 elif는 여러 번 사용이 가능하다.

else를 생략하는 경우도 가능하다.

조건문에서 주의해야 할 점은 if 조건1 elif 조건2 elif 조건3 else 를 썼을 경우에 조건 1, 2, 3 중 하나라도 참인 경우에는 그 명령을 수행하고 if 문을 빠져나오게 된다는 점이다.

if 문안에 if 문을 사용해 복합적으로 처리할 수도 있다.
사용자에게 숫자를 입력받아 숫자인지 아닌지 판단하고 그 뒤에 홀수인지 짝수인지 확인하는 코드를 만든다면 아래와 같이 처리가 가능하다.

```python
# 사용자로부터 시험 점수를 입력받음
score = float(input("시험 점수를 입력하세요: "))

# 조건문을 사용하여 학점을 판별
if score >= 90:
    grade = 'A'
elif score >= 80:
    grade = 'B'
elif score >= 70:
    grade = 'C'
elif score >= 60:
    grade = 'D'
else:
    grade = 'F'

# 결과 출력
print(f"점수 {score}에 대한 학점은 {grade}입니다.")
```

```
시험 점수를 입력하세요: 85
점수 85.0에 대한 학점은 B입니다.
```

```
[16] # 사용자로부터 숫자를 입력받음
user_input = input("숫자를 입력하세요: ")

# 입력받은 값이 숫자인지 확인
if user_input.isdigit():
    # 입력받은 숫자가 짝수인지 홀수인지 확인
    number = int(user_input)
    if number % 2 == 0:
        print(f"{number}은(는) 짝수입니다.")
    else:
        print(f"{number}은(는) 홀수입니다.")
else:
    print("유효한 숫자가 아닙니다.")
```

```
숫자를 입력하세요: 5
5은(는) 홀수입니다.
```

13
파이썬 기초 이해하기4 반복문

반복문은 규칙적인 반복 구조가 가능할 경우 사용하는데 조건문과 함께 많이 사용하는 문법으로 잘 알아두도록 하자. 반복문은 크게 while, for 문이 있다. while은 옆에 조건을 붙여 사용하게 된다.

　　while 조건:
　　　　명령문

조건이 참이라면 아래 명령 부분을 실행하게 된다. 단, 조건을 잘못 쓰는 경우 무한 반복에 빠질 수 있어 주의해야 한다. 조건문과 마찬가지로 들여 쓰기가 매우 중요하다. 비교연산자와 함께 많이 사용하게 된다. 1부터 10까지 출력하는 프로그램을 실행할 경우 아래와 같은 예제로 확인할 수 있다.

```
a = 1
while a <= 10:
    print(a)
    a += 1
```

a += 1에서 +=은 복합 대입 연산자이다.

a = a + 1 대입 연산자는 항상 오른쪽 먼저 연산 후엔 왼쪽 변수에 값을 대입하게 되므로 a에 1이 있었을 경우 a에 1을 더하고 2가 된 것을 다시 a에 넣게 되는 형태다.

그것을 줄여서 a += 1로 간단하게 사용할 수 있다.

복합 대입 연산자는 산술연산자와 대입 연산자가 합해진 형태이다.

복합 대입 연산자

+= 오른쪽의 값을 더해서 넣는다.

-= 오른쪽의 값을 빼서 넣는다.

*= 오른쪽의 값을 곱해서 넣는다.

/= 오른쪽의 값을 나눠서 넣는다.

%= 오른쪽의 값을 나머지를 넣는다.

**= 오른쪽의 값을 제곱을 넣는다.

//= 오른쪽의 값을 나눈몫을 넣는다.

---

for 문은 반복되는 리스트나 범위가 있을 경우 사용한다.

형태는 **for i in 반복 가능한 구조:** 이다.

예를 들어 1부터 10까지 출력하는 경우에 아래와 같이 해결할 수 있다.

```
for i in range(1,11):
    print(i)
```

range

range는 범위를 이야기하고 슬라이싱과 비슷하게 시작 start, 끝 stop, 간격 step을 가진다. 슬라이싱은 대괄호에 콜론(:)을 사용하지만 range는 소괄호에 콤마(,)를 사용한다. 카운트다운을 하는 경우도 생각해 볼 수 있는데 이것도 슬라이싱과 마찬가지로 간격을 -1로 해주면 역순으로 출력하게 된다.

```
# range 함수를 사용한 예제

# 1부터 5까지의 숫자를 생성
for num in range(1, 6):
    print(num, end = ' ')

print()
# 0부터 9까지의 숫자를 생성
for num in range(10):
    print(num, end = ' ')

print()
# 2씩 증가하는 범위: 0부터 8까지의 짝수 생성
for num in range(0, 10, 2):
    print(num, end = ' ')

print()
# 10부터 1까지의 숫자를 감소하며 생성
for num in range(10, 0, -1):
    print(num, end = ' ')
```

```
1 2 3 4 5
0 1 2 3 4 5 6 7 8 9
0 2 4 6 8
10 9 8 7 6 5 4 3 2 1
```

break와 continue

반복문과 조건문을 함께 쓰는 경우도 많다. **while True:** 로 해서 무한 반복이 돌고 있는 중에 **if 조건: break** 명령을 넣어주면 조건이 맞을 때 반복문을 빠져나오게 된다. **continue**는 아래 내용을 실행하지 않고 다시 반복문 위로 올라가게 되어 반복하는 것을 말한다. **pass**는 아무것도 하지 않을 때 사용한다.

```python
# 무한 루프에서 숫자를 입력받아 짝수를 출력하고, 0이 입력되면 루프 종료

while True:
    user_input = int(input("숫자를 입력하세요 (0 입력 시 종료): "))

    # 입력이 0이면 루프 종료
    if user_input == 0:
        print("프로그램을 종료합니다.")
        break

    # 입력이 홀수면 건너뜀
    if user_input % 2 != 0:
        print("홀수는 출력하지 않습니다.")
        continue

    # 짝수 출력
    print(f"입력한 짝수: {user_input}")
```

```
숫자를 입력하세요 (0 입력 시 종료): 10
입력한 짝수: 10
숫자를 입력하세요 (0 입력 시 종료): 5
홀수는 출력하지 않습니다.
숫자를 입력하세요 (0 입력 시 종료): 2
입력한 짝수: 2
숫자를 입력하세요 (0 입력 시 종료): 3
홀수는 출력하지 않습니다.
숫자를 입력하세요 (0 입력 시 종료): 0
프로그램을 종료합니다.
```

```python
d = {'이름':'홍길동','나이':24,'직업':'프로그래머'}
for i in d:
    print(i , '=' , d[i])

for i, j in enumerate(d):
    print('{}번 {} 은 {}'.format(i,j,d[j]))
```

```
이름 = 홍길동
나이 = 24
직업 = 프로그래머
0번 이름 은 홍길동
1번 나이 은 24
2번 직업 은 프로그래머
```

for문과 딕셔너리

```
d = {'이름':'홍길동','나이':24,'직업':'프로그래머'}
for i in d:
    print( i , '=' , d[i])
```

이름 = 홍길동
나이 = 24
직업 = 프로그래머

이때 i에는 딕셔너리의 키가 들어오고 값을 보려면 **d[i]**를 사용해서 값을 확인할 수 있다. 딕셔너리에서 인덱스 값을 함께 보고 싶을 경우 **enumerate()** 함수를 사용할 수 있다. enumerate()는 index를 만들어주는 함수라 볼 수 있다.

중첩반복

2차원 리스트나 2차원 튜플 등 2차원 이상을 처리할 때 중첩 반복을 사용할 수 있다. 만약 구구단을 반복문으로 2단 구구단을 출력할 경우 아래와 같이 하면 된다.

```
for i in range(1,10):
    print("%d * %d = %d" % (2, i, 2 * i))
```

2단부터 9단까지 구구단을 출력할 경우 중첩 반복을 사용해서 해결할 수 있다.

```
for i in range(2,10):
    for j in range(1,10):
        print("%d * %d = %d" % (i, j, i * j))
```

중첩 반복 예제도 AI에게 물어봐서 만들어 보자
아래는 *로 삼각형과 사각형을 출력하는 예시이다.

```python
# 삼각형 출력 예제

# 외부 반복문: 1부터 5까지의 숫자에 대해 반복
for i in range(1, 6):
    # 내부 반복문: '*'을 i번 반복하여 출력
    for j in range(i):
        print('*', end=' ')

    print() # 한 줄 출력 후 개행
```

```
*
* *
* * *
* * * *
* * * * *
```

```python
# 역삼각형 출력 예제

# 외부 반복문: 5부터 1까지의 숫자에 대해 역순으로 반복
for i in range(5, 0, -1):
    # 내부 반복문: '*'을 i번 반복하여 출력
    for j in range(i):
        print('*', end=' ')

    print() # 한 줄 출력 후 개행
```

```
* * * * *
* * * *
* * *
* *
*
```

```python
# prompt: *로 사각형 출력하는 코드 작성

for i in range(5):
  for j in range(5):
    print("*", end="")
  print()
```

```
*****
*****
*****
*****
*****
```

```
#2단 구구단 출력
for i in range(1,10):
    print("%d * %d = %d" % (2, i, 2 * i))

print("=" * 15)
#2단부터 9단까지 구구단 출력
for i in range(2,10):
    for j in range(1,10):
        print("%d * %d = %d" % (i, j, i * j))
```

```
2 * 1 = 2
2 * 2 = 4
2 * 3 = 6
2 * 4 = 8
2 * 5 = 10
2 * 6 = 12
2 * 7 = 14
2 * 8 = 16
2 * 9 = 18
===============
2 * 1 = 2
2 * 2 = 4
2 * 3 = 6
2 * 4 = 8
2 * 5 = 10
2 * 6 = 12
2 * 7 = 14
2 * 8 = 16
2 * 9 = 18
3 * 1 = 3
3 * 2 = 6
3 * 3 = 9
3 * 4 = 12
3 * 5 = 15
3 * 6 = 18
3 * 7 = 21
3 * 8 = 24
3 * 9 = 27
```

14
파이썬 기초 이해하기5
함수

지금까지 사용한 함수들은 파이썬 내장함수(built-in fuction)로 파이썬에서 이미 정의해놓은 것들을 사용했다. 하지만 자주 사용하는 명령이 있다면 직접 함수를 만들어 처리할 수 있다. 함수를 만들 때에는 def(user defined function)를 사용한다.

def 함수이름(매개변수):
    명령문

함수 이름이 붙여진 일종의 코드 블록으로 함수를 만들고 함수를 호출해서 사용한다. 함수를 만든다는 것을 **함수 선언(정의)**이라고 하고 선언만 했다고 해서 사용이 바로 되는 것은 아니고 만들어진 **함수를 다시 호출**해 주어야 사용이 가능하다.

아래 그림을 보면서 차근차근 이해해 보자.
① 함수를 선언하기 위해 def를 쓰고 한 칸 띄어쓰기를 한다.
② 함수명을 만든 다음 괄호 안에 받아야 하는 값 두 개 x, y 매개변수를 써준다. 매개변수는 파라미터(parameter)라고 부르기도 한다.
③ 결과 값 변수 result를 만들고 받은 매개변수 x, y를 더한 결과를 대입한다.

④ 함수가 종료될 때 되돌려주는 값 result를 return 한다.
⑤ sum_result 변수를 만들어 함수를 호출해 주고 매개변수 x,y에 들어갈 인자 값(3, 5)을 전달한다.
⑥ sum_result 값을 출력한다.

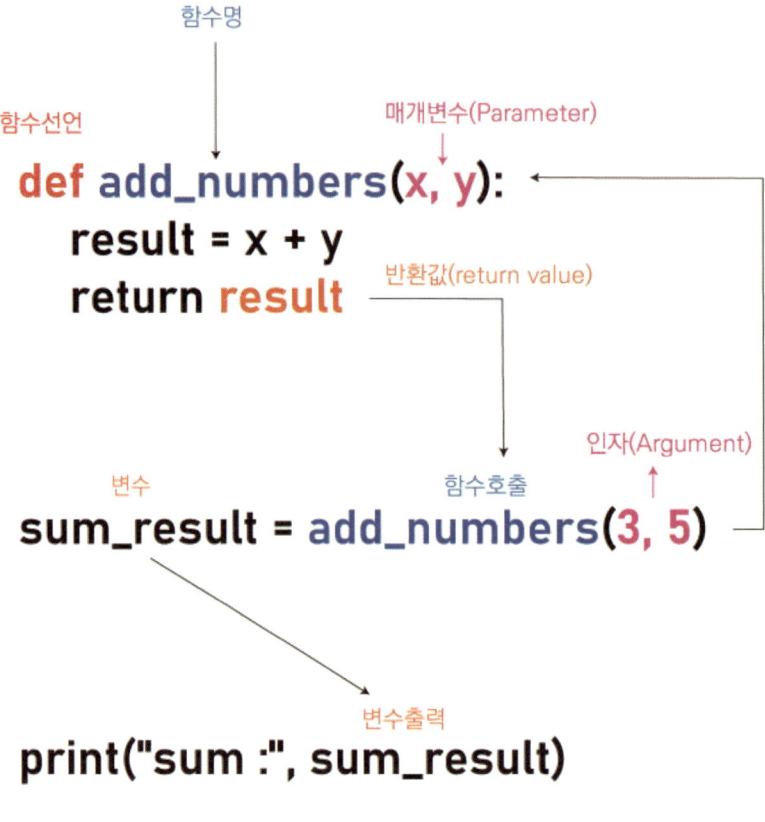

#출력값 sum : 8

매개변수(parameter)와 인자(arguments)

매개변수를 덜 넣은 경우 : 받아야 하는 매개변수가 x, y 두 개인데 인자 값을 하나만 넣어주면 오류가 난다.

매개변수를 더 넣은 경우 : 받아야 하는 매개변수가 x, y 두 개인데 인자 값을 3개 이상 넣어주면 오류가 난다.

```
def add_numbers(a, b):
    result = a + b
    return result

# 함수 호출
sum_result = add_numbers(3, 5)

# 반환된 값 출력
print(sum_result) # 출력: 8

8
```

가변 파라미터

매개변수 수를 정해두지 않고 여러 개 받아 처리하는 상황이면 가변 매개변수(Variable Parameters)를 사용할 수 있다. *을 사용해서 매개변수 명 앞에 써주면 된다.

```
def my_function(*args):
  for arg in args:
    print(arg)

my_function(1, 2, 3)
```

단, 가변 파라미터 뒤에는 일반 파라미터가 올 수 없고 가변 파라미터는 하나만 사용할 수 있다.

키워드 파라미터

키워드 파라미터(keyword parameter)는 함수를 정의할 때 매개변수의 이름을 명시적으로 지정하여 함수를 호출할 때 인자를 전달하는 방법이다. 이를 통해 함수의 가독성을 높이고 특정 매개변수에만 값을 전달할 수 있다.

```
def print_info(name, age, city):
    print(f"Name: {name}, Age: {age}, City: {city}")

# 함수 호출 - 키워드 파라미터 사용
print_info(name="Jane", age=30, city="Paris")
```
```
Name: Jane, Age: 30, City: Paris
```

또한, 함수를 정의할 때 기본값(default value)을 설정하여 파라미터에 값을 미리 할당할 수 있다. 이를 통해 함수를 호출할 때 해당 파라미터에 값을 명시적으로 전달하지 않으면 기본값이 사용되며, 필요에 따라 옵션 인자로 활용할 수 있다.

```
def greet(name, greeting="Hello"):
    print(f"{greeting}, {name}!")

# 함수 호출 - greeting 파라미터를 명시하지 않아 기본값이 사용됨
greet("Alice")  # 출력: Hello, Alice!

# 함수 호출 - greeting 파라미터에 다른 값을 전달하여 사용
greet("Bob", "Hi")  # 출력: Hi, Bob!
```
```
Hello, Alice!
Hi, Bob!
```

단, 키워드 파라미터 뒤에 일반 파라미터가 올 수 없다.

가변 키워드 파라미터는 함수 정의에서 키워드 인자를 가변적으로 받을 수 있도록 하는 기능이다. 이를 사용하기 위해 **매개변수명과 같은 형태로 표현한다. 함수 내에서는 이를 딕셔너리로 처리하게 된다. 따라서 함수를 호출할 때 여러 개의 키워드 인자를 전달할 수 있고, 함수 내부에서 이를 반복문 등을 사용하여 처리할 수 있다.

가변 키워드 파라미터를 사용하면 함수를 더 유연하게 만들 수 있고 특히 함수의 입력 인자가 동적으로 변하는 경우나 많은 수의 키워드 인자를 다룰 때 유용하다.

```
def print_info(**kwargs):
    for key, value in kwargs.items():
        print(f"{key}: {value}")

# 함수 호출 - 가변 키워드 파라미터 사용
print_info(name="John", age=25, city="New York")

name: John
age: 25
city: New York
```

함수의 리턴값

함수의 리턴 값은 함수가 실행된 후에 반환하는 값이다. 함수는 어떤 작업을 수행하고 그 결과로 값을 반환할 수 있다. 리턴 값은 함수를 호출한 곳으로 전달되며, 호출자는 이 값을 변수에 저장하거나 다른 연산에 활용할 수 있다. 초보자들에게는 생소한 내용이라 쉬운 예제로 여러 번 반복하면서 이해하는 것이 좋다.
예를 들어, 다음은 두 값을 더하는 함수이며, 그 결과를 반환한다.

이 함수에서 return result는 add_numbers 함수가 실행된 후에 result 변수에 저장된 값을 반환한다. 함수 호출 시에 반환된 값은 sum_result에 저장되어 나중에 활용할 수 있다.

리턴문이 없는 함수는 기본적으로 None을 반환하게 된다. 함수 내에서 return 문이 실행되지 않으면 자동으로 None이 반환된다.
이 경우 greet 함수는 화면에 인사말을 출력하고, 명시적인 return 문이 없으므로 함수는 기본적으로 None을 반환한다.

```
def greet(name):
    print(f"Hello, {name}!")

# 함수 호출
greet("Alice")

# 반환된 값 출력
result = greet("Bob")
print(result)  # 출력: None
```
```
Hello, Alice!
Hello, Bob!
None
```

딕셔너리 리턴

파이썬 함수에서는 딕셔너리를 반환하는 것이 일반적이다. 두 숫자의 합과 곱을 각각 계산하고 그 결과를 딕셔너리로 반환하는 함수를 만든다면 아래와 같이 만들 수 있다.

```
def process_kwargs(**kwargs):
    return kwargs

# 함수 호출
result_dict = process_kwargs(name="John", age=25, city="New York")

# 반환된 딕셔너리의 값을 출력
print(result_dict)
```
```
{'name': 'John', 'age': 25, 'city': 'New York'}
```

또, 가변 키워드 파라미터를 사용하여 함수가 받는 키워드 인자를 딕셔너리로 처리하고, 이를 반환할 수도 있다.

```python
def calculate_sum_and_product(a, b):
    sum_result = a + b
    product_result = a * b
    result_dict = {"sum" : sum_result, "product" : product_result}
    return result_dict

# 함수 호출
result = calculate_sum_and_product(3, 5)

# 반환된 딕셔너리의 값을 출력
print(result) # 출력: {'sum': 8, 'product': 15}
```

```
{'sum': 8, 'product': 15}
```

중첩함수

중첩 함수(Nested Function)는 다른 함수 내에 정의된 함수를 의미한다. 중첩 함수를 사용하면 코드의 모듈화와 가독성을 향상시킬 수 있다. 중첩 함수는 해당 함수 내부에서만 유효하며, 외부에서는 직접적으로 호출할 수 없다.

함수 내부에서만 유효하며, 외부에서는 직접적으로 호출할 수 없다.

```python
def outer_function(x):
    # 중첩 함수 정의
    def inner_function(y):
        return y * 2

    result = inner_function(x)
    return result

# 외부 함수 호출
output = outer_function(3)

print(output) # 출력: 6
```

```
6
```

재귀함수

재귀 함수(Recursive Function)는 함수가 자기 자신을 호출하는 것을 의미한다. 재귀 함수를 사용하면 문제를 더 작은 부분으로 분할하고 해결하는 방식으로 알고리즘을 구현할 수 있다.

재귀 함수는 몇 가지 중요한 특성을 가지고 있다.

기본 케이스(Base Case): 재귀 함수는 자기 자신을 호출하면서 언젠가는 종료 조건에 도달해야 한다. 이 종료 조건을 기본 케이스라고 부른다.

재귀 호출(Recursive Call): 함수는 자기 자신을 호출하여 더 작은 부분의 문제를 해결한다.
간단한 예제로 팩토리얼을 계산하는 재귀 함수를 살펴보자.

팩토리얼(Factorial)은 양의 정수 n에 대해 n부터 1까지의 모든 정수를 곱한 값을 의미한다. 일반적으로 n!로 표기한다.
5! = 5 × 4 × 3 × 2 × 1 = 120

```python
def factorial(n):
    # 기본 케이스: 0! = 1, 1! = 1
    if n == 0 or n == 1:
        return 1
    # 재귀 호출
    else:
        return n * factorial(n-1)

# 함수 호출
result = factorial(5)
print(result)  # 출력: 120
```
120

예제에서 factorial 함수는 자기 자신을 호출하여 팩토리얼을 계산한다. n! = n * (n-1)!의 패턴을 따라가기 때문에 재귀 호출이 이루어진다. 재귀 함수는 간단한 문제를 해결하는 데 유용하며, 적절하게 사용할 때 코드의 가독성과 모듈화를 높일 수 있다.

람다함수

람다 함수(Lambda Function)는 함수명 없이 함수를 간단하게 정의할 수 있는 기능이다. 람다 함수는 lambda 키워드를 사용하여 생성되며, 주로 한 줄의 간단한 함수를 정의할 때 사용된다.

lambda 인자들: 표현식

두 수를 더하는 함수를 람다 함수로 작성한다면

```
# 람다 함수 정의
lambda_add = lambda x, y: x + y

# 함수 호출
result1 = lambda_add(3, 5)

print(result1)  # 출력: 8
8
```

람다 함수는 주로 간단한 함수를 인자로 받는 함수 또는 메서드에서 사용되며, 코드의 간결성을 높이는 데 도움이 된다.

LEGB규칙

L : Local 지역변수
E : Enclosed function local 함수 내 범위
G : Global 전역변수
B : Built-in 파이썬 내장 함수

변수의 활동 범위(scope)를 나타내는 용어로 변수가 어디에서 사용이 가능한지를 나타내는 표기이다. 예를 들어 함수 내부에서 정의된 변수(E)는 함수 내부에

서만 사용이 가능하다. 반복문 내에서 정의된 변수(L)는 반복문 내에서만 사용이 가능하고 가장 밖에 존재하는 변수는 전역변수(G)로 어디에서든지 활용이 가능하다.

```python
# 전역 변수
global_variable = "Global"

def example_function():
    # 지역 변수
    local_variable = "Local"

    for i in range(3):
        # 반복문 내부에서 정의된 변수
        loop_variable = f"Loop {i}"
        print(loop_variable)  # 반복문 내에서 사용 가능
        print(local_variable)  # 지역 변수 사용 가능

    # 반복문 외부에서는 반복문 내부에서 정의된 변수에 접근할 수 없음
    # print(loop_variable)  # 에러 발생

    print(local_variable)  # 함수 내에서 사용 가능

# 함수 호출
example_function()

# 전역 변수는 함수 외부에서도 사용 가능
print(global_variable)
```

```
Loop 0
Local
Loop 1
Local
Loop 2
Local
Local
Global
```

15
파이썬 기초 이해하기6
모듈

파이썬 모듈은 함수, 변수, 클래스 등을 포함하는 파일이다. 다른 파이썬 프로그램에서 불러와서 쓸 수 있는 파일이라고 할 수 있다. 파일의 재사용성을 높일 수 있으며 다른 사람들이 이미 만들어 놓은 모듈을 사용할 수도 있고 우리가 직접 만들어 사용할 수 있다. 여러 모듈을 조합하여 큰 프로젝트를 관리하거나, 다른 프로젝트에서도 모듈을 재사용할 수 있다. 모듈은 일반적으로 .py 확장자를 가진 파일로 저장되며, 각 파일은 특정 기능이나 관련된 기능들을 포함한다.

예를 들어 제곱근이나 올림 내림 같은 함수를 사용하려고 한다면 math라는 모듈을 불러와서 사용할 수 있다. 파이썬 내장 모듈은 파이썬 인터프리터와 함께 제공되므로 별도의 설치 없이 사용할 수 있다.

몇 가지 주요 내장 모듈은 수학 연산을 도와주는 math 모듈, 난수를 생성해주는 random 모듈, 날짜와 시간을 다루는 datetime 모듈, 운영체제와 상호작용하는 os 모듈, json데이터를 다루는 json 모듈, url을 다루는 urllib 모듈 등 다양한 내장 모듈이 있다. 이 모듈들의 사용법은 python.org의 공식 문서를 참고해서 사용하면 된다.

사용하는 방법은 import를 사용해서 문서 내에 입력해 주면 된다.

수학 모듈을 사용한다면

    import math

수학 모듈 내 제곱근을 사용하고 싶다면

    math.sqrt(100)

이런 식으로 사용하면 된다.
매번 math. 을 써주는 게 번거롭다면 as(alias) 구문을 쓸 수 있다. 별칭을 지어주는 것이라고 볼 수 있는데 사용법은 아래와 같이 사용한다.

    import math as m

math를 앞으로 m이라고 부르게 되는 것이다.

    m.sqrt(100)

만약 이 별칭까지 붙이지 않고 바로 사용하게 하려면 from 구문을 사용할 수 있다.

    from math import sqrt, ceil

이런 식으로 math 모듈 내에서 사용할 함수만 import 뒤에 콤마로 구분해서 넣어주면 다음부터는 바로 사용할 수 있다.

    sqrt(100)

math 모듈 내의 전체 함수를 사용하고 싶다면

    from math import *

로 처리할 수도 있다.

AI 생성을 통해 "datetime 모듈 사용법"을 입력해 보면 현재 날짜와 시간을 가져오는 방법에 대해 알 수 있다.

내가 직접 모듈을 만들 수도 있다. 파일을 저장할 때에 같은 폴더 내에 저장하면 import로 바로 불러와서 사용할 수 있다.

```
# 모듈 예제: mymodule.py
   def greet(name):
      print("Hello, " + name)

   def add(x, y):
      return x + y

# 모듈 사용 예제: main.py
   import mymodule

   mymodule.greet("John")
   result = mymodule.add(3, 5)
   print("Result:", result)
```

라이브러리

라이브러리란 일반적으로 여러 모듈과 함수의 집합으로 구성된다.
여러 모듈이나 패키지가 함께 제공되어 기능을 확장하거나 다양한 작업을 수행하는 데 사용된다.
파이썬 표준 라이브러리(Python Standard Library)는 파이썬에 기본적으로 포함된 다양한 모듈과 패키지의 집합을 나타낸다. math 모듈 또한 표준 라이브러리 내에 속해있어 바로 사용할 수 있다.
모듈과 라이브러리를 구분하자면 라이브러리가 모듈보다 더 큰 규모의 코드 구조를 나타낸다고 할 수 있다.

표준 라이브러리가 아닌 외부 라이브러리를 사용하려면 설치 과정이 필요하다.
pip는 파이썬 패키지를 설치하고 관리하는 도구로 파이썬 패키지 인덱스

(https://pypi.org/)에서 제공되는 다양한 라이브러리와 모듈을 설치할 수 있다.

pip install 패키지이름

머신러닝을 다룰 때 많이 쓰는 라이브러리

- Numpy : 다차원 배열과 행렬 연산을 위한 라이브러리로 데이터과학과 수치 계산에 많이 사용
- Pandas : 표 형태의 데이터를 다루는데 유용한 라이브러리
- Matplotlib : 데이터 시각화를 위한 라이브러리로 그래프나 차트를 그릴 때 사용
- Tensorflow : 머신러닝 및 딥러닝을 위한 라이브러리로 신경망 구축과 훈련에 사용
- Scikit-learn : 간단하고 효과적인 데이터 분석 및 머신러닝 도구를 제공하는 라이브러리

그 외에도 많은 라이브러리가 있으며 외부라이브러리들은 각각의 웹사이트에서 공식문서를 제공한다.

- Pygame : 간단한 게임 및 멀티미디어 응용 프로그램 만들기
- Beautifulsoup : HTML 및 XML 문서에서 데이터를 추출하기 위한 라이브러리
- Flask : 경량 웹 프레임워크로 가벼운 웹 앱을 만들 때 사용
- Django : 웹 앱을 개발하기 위한 프레임워크
- Requests : HTTP 요청을 보내고 받는 라이브러리로 웹 스크래핑이나 API 호출에 사용

코랩에서 사용할 때에는 코드 한 셀에 pip install로 설치를 하고 다시 코드 셀을 만들어서 코드를 작성하면 된다.

2) 파이썬 모듈 설치하기

- pip install

PC에서 사용할 경우 명령 프롬프트(윈도우 검색에서 cmd 찾기)에서 pip install 로 설치하면 된다.

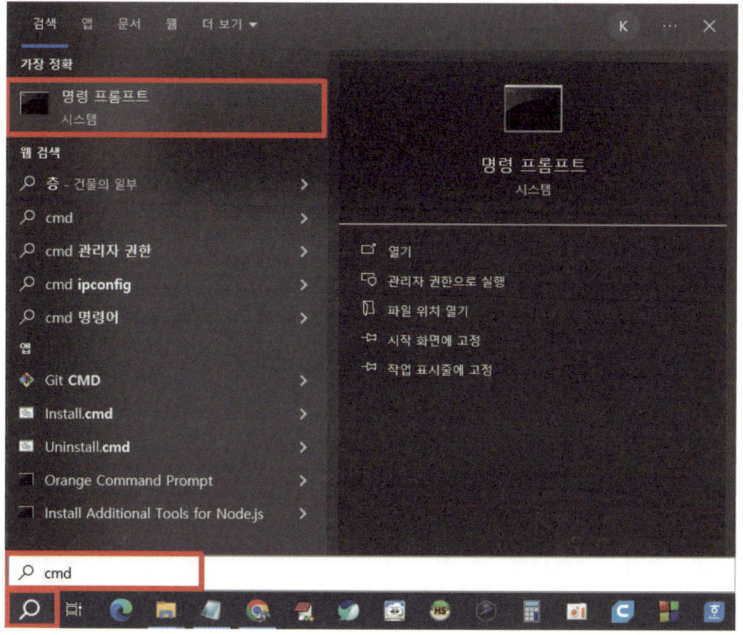

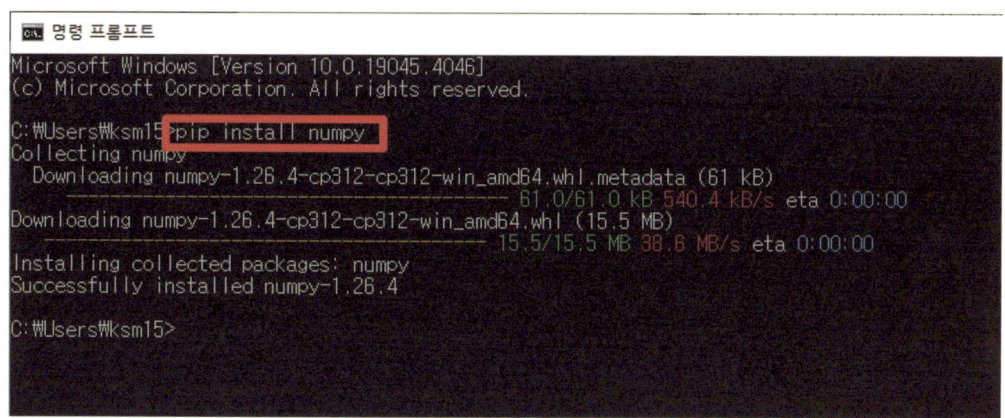

16
파이썬 기초 이해하기7
클래스

클래스를 소개하기 전에 절차지향 프로그래밍과 객체지향 프로그래밍에 대해 알아보자. 절차지향은 말 그대로 명령어의 순차적인 실행에 중점을 두는 것이고 객체지향은 객체들의 상호작용으로 모델링 한다고 볼 수 있다. 객체(Object)란 현실 세계에서 개체를 나타내는 프로그래밍 개념이다. 예를 들어 자동차라는 객체를 만들고 그 자동차의 브랜드, 모델, 색상 등의 상태와 움직임 등 동작을 함수로 정의해 놓은 것이라고 이해하면 되겠다. 객체는 상태, 행동, 식별성, 캡슐화, 상속, 다형성 등의 특징을 가질 수 있다.

절차지향 프로그래밍의 장점은 속도가 빠르다는 것이고 단점은 코드의 재사용이 어렵고 유지 보수가 힘들다는 점이다. 객체지향은 코드의 재사용성이 높고 유지 보수가 쉽다는 것이 장점이고 단점은 쓰지 않는 것들도 불러오기 때문에 속도가 느려질 수 있다는 점이 단점이다.

클래스

클래스란 객체 지향 프로그래밍에서 객체를 생성하기 위한 설계도면이나 틀이라고 생각하면 된다. 객체의 속성(멤버 변수)과 행동(메서드) 등을 정의하는 데 사용된다. 클래스를 설명할 때 붕어빵 틀로 설명하는 경우가 많다. 붕어빵 틀이 **클래스**이고 그 붕어빵 틀로 찍어낸 붕어빵들은 각각의 **객체**가 된다. 각각의 붕어빵들은 팥 붕어빵, 슈크림 붕어빵, 피자 붕어빵이 될 수 있는데 이때 팥 붕어빵이나 슈크림 붕어빵은 붕어빵 틀의 **인스턴스**라고 이야기한다.

클래스 내에서 정의된 함수는 **메서드**라는 이름으로 불린다. 아래 예제를 살펴보면서 이해해 보자.

```
class Dog:
    def __init__(self, name, age):
        self.name = name
        self.age = age

    def bark(self):
        print(f"{self.name} is barking!")

# Dog 클래스의 인스턴스 생성
my_dog = Dog(name="Buddy", age=3)

# 인스턴스의 메서드 호출
my_dog.bark()

Buddy is barking!
```

이 예제에서 Dog 클래스는 개를 나타내며, name과 age라는 속성과 bark라는 메서드를 가지고 있다. my_dog는 Dog 클래스의 인스턴스로, 실제로 Buddy라는 이름을 가진 3살 개를 나타낸다.

클래스명은 앞 글자를 대문자로 써서 표현한다. 식별성을 높이고 클래스와 함수, 변수 등을 구분하기 쉽게 하기 위함이라고 생각하면 된다.

파이썬 권장 스타일 가이드 문서에 보면 클래스명은 CamelCase 대문자로 시작하고, 단어의 시작 부분마다 대문자를 사용하고 함수명은 snake_case 소문자로 작성하고 단어 사이를 언더바로 구분한다고 정의되어 있다.
다시 붕어빵틀로 이해해 보자.

붕어빵클래스.py

```python
# Class 붕어빵틀 예제
class 붕어빵틀:
    def __init__(self, 크기, 맛): #생성자 self는 만들어진 객체(붕어빵1,붕어빵2)를 말함
        self.크기 = 크기
        self.맛 = 맛
        self.상태 = "굽기 전"  # 붕어빵 상태 초기화

    def 굽기(self):
        self.상태 = "굽는 중"
        print(f"{self.크기} 크기의 {self.맛} 붕어빵이 굽힙니다.")

    def 완성(self):
        self.상태 = "완성됨"
        print(f"{self.크기} 크기의 {self.맛} 붕어빵이 완성되었습니다.")

# 붕어빵틀에서 붕어빵 객체 생성
붕어빵1 = 붕어빵틀(크기="소", 맛="슈크림")
붕어빵2 = 붕어빵틀(크기="대", 맛="팥")
# 붕어빵 굽기 및 완성
붕어빵1.굽기()
붕어빵1.완성()
붕어빵2.굽기()
붕어빵2.완성()
```

```python
# 부모 클래스 (슈퍼 클래스)
class 붕어빵틀:
    def __init__(self, 크기):
        self.크기 = 크기
        self.상태 = "굽기 전"  # 붕어빵 상태 초기화

    def 굽기(self):
        self.상태 = "굽는 중"
        print(f"{self.크기} 크기의 붕어빵이 굽힙니다.")

    def 완성(self):
        self.상태 = "완성됨"
        print(f"{self.크기} 크기의 붕어빵이 완성되었습니다.")

# 자식 클래스 (서브 클래스) - 크림붕어빵
class 크림붕어빵틀(붕어빵틀):
    def __init__(self, 크기, 크림맛):
        super().__init__(크기)
        self.크림맛 = 크림맛

    def 추가_기능(self):
        print(f"{self.크기} 크기의 크림붕어빵에는 {self.크림맛} 크림이 들어갑니다.")

# 자식 클래스 (서브 클래스) - 팥붕어빵
class 팥붕어빵틀(붕어빵틀):
    def __init__(self, 크기, 팥양):
        super().__init__(크기)
        self.팥양 = 팥양

    def 추가_기능(self):
        print(f"{self.크기} 크기의 팥붕어빵에는 {self.팥양} 만큼의 팥이 들어갑니다.")

# 객체 생성
크림붕어빵 = 크림붕어빵틀(크기="소", 크림맛="딸기")
팥붕어빵 = 팥붕어빵틀(크기="대", 팥양="많은")

# 메서드 호출
크림붕어빵.굽기()
크림붕어빵.완성()
크림붕어빵.추가_기능()

팥붕어빵.굽기()
팥붕어빵.완성()
팥붕어빵.추가_기능()
```

```
소 크기의 붕어빵이 굽힙니다.
소 크기의 붕어빵이 완성되었습니다.
소 크기의 크림붕어빵에는 딸기 크림이 들어갑니다.
대 크기의 붕어빵이 굽힙니다.
대 크기의 붕어빵이 완성되었습니다.
대 크기의 팥붕어빵에는 많은 만큼의 팥이 들어갑니다.
```

이 예제에서 붕어빵 틀 클래스는 붕어빵의 크기와 맛을 나타내는 속성을 가지고 있으며, 굽기와 완성이라는 메서드를 포함하고 있다. 붕어빵1과 붕어빵2는 이 클래스에서 생성된 객체로서, 각각의 속성과 메서드를 공유하면서 독립적으로 동작한다.

이러한 클래스의 특성을 통해 여러 개의 붕어빵을 만들 수 있고, 각 붕어빵은 고유한 속성과 동작을 가질 수 있다.

__init__(앞 뒤 언더바_ 2개)

생성자를 뜻하고 객체가 생성될 때 함께 호출되는 메서드를 뜻한다.
Self는 만들어진 객체(붕어빵1 또는 붕어빵2)가 전달되는 값이라고 생각하면 되겠다.

클래스 상속

클래스 상속은 한 클래스가 다른 클래스의 특성(속성과 메서드)을 물려받는 것을 의미한다. 이를 통해 기존 클래스의 코드를 재사용하고, 새로운 클래스를 정의할 때 중복을 최소화하여 코드를 간결하게 작성할 수 있다.

상속은 "부모 클래스" 또는 "슈퍼 클래스"로부터 "자식 클래스" 또는 "서브 클래스"에게 특성을 전달한다. 자식 클래스는 부모 클래스의 모든 속성과 메서드를 상속받아 사용할 수 있으며, 필요에 따라 새로운 속성이나 메서드를 추가하거나 부모 클래스의 메서드를 재정의할 수 있다.

17
파이썬 기초 이해하기8
파일

파이썬에서 파일을 읽고 쓰는 작업은 기본적으로 내장된 'open()' 함수를 사용한다.

    f = open(경로와 파일명, 모드) w 쓰기모드 r 읽기모드 a 추가로 쓰기

또는 with 키워드로 쓸 수 있다.

    with open('파일이름.txt', 'r') as file:

코랩에서 파일을 만들게 되면 왼쪽 폴더에서 확인할 수 있다. 만약에 폴더를 만들고 파일을 넣어두고 싶다면 위의 코드에서 **"파일경로/파일이름.txt"**으로 변경해서 사용하면 된다. "with" 문을 사용하면 파일을 올바르게 닫아주기 때문에 with 문을 많이 사용한다.

① 오른쪽 코드를 작성하고 실행한다.
② 왼쪽 폴더 모양을 눌러 폴더를 열어준다.
③ 생성된 파일을 확인하고 더블클릭해서 내용을 확인해 보자.
단, 코랩은 세션이 종료되면 파일도 삭제되기 때문에 중요한 파일이면 다운로드

받아 두어야 한다.

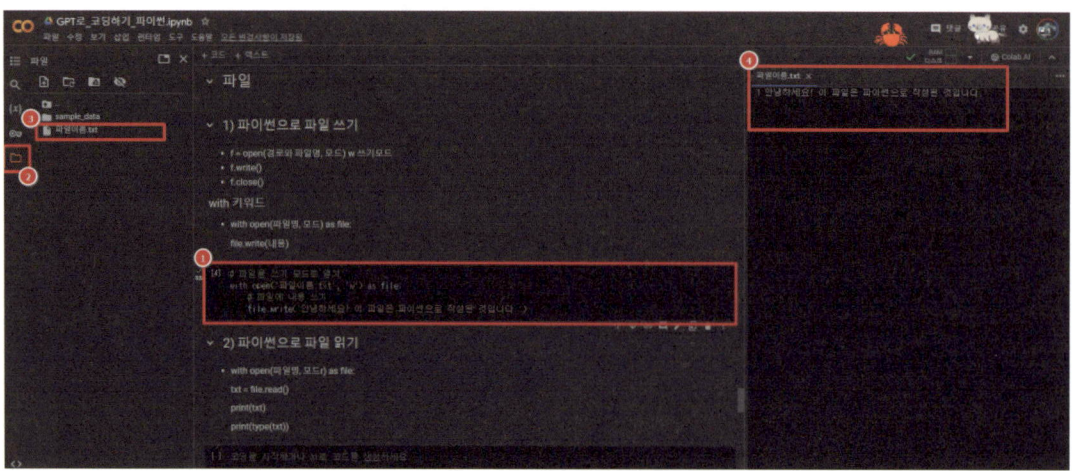

"w" 모드는 파일을 쓰기 모드로 열기 위한 것이며, 파일이 이미 존재하면 덮어 쓰게 된다. 만약 파일이 없다면 새로운 파일을 생성한다.
"a" 모드는 파일을 추가 쓰기 모드로 열기 위한 것이며, 파일이 이미 존재하면 파일 끝에 내용을 추가한다. 만약 파일이 없다면 새로운 파일을 생성한다.
이러한 파일 읽기와 쓰기는 텍스트 파일에 대한 것이다. 머신러닝이나 데이터를 다루는 경우에는 엑셀파일이나 csv(Comma-Separated Values) 파일을 다루는 경우가 많은데 openpyxl, csv모듈을 사용하거나 pandas 같은 외부 라이브러리를 사용할 수 있다.

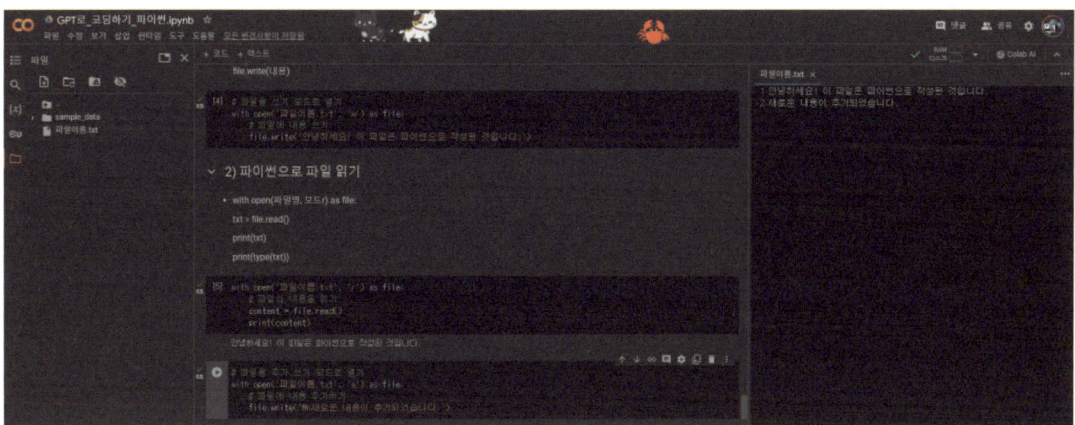

18
파이썬 기초 이해하기9 예외처리

파이썬 예외 처리는 프로그램 실행 중에 발생하는 오류를 적절히 처리하는 메커니즘이다. 예외 처리를 통해 프로그램이 비정상적으로 종료되는 것을 방지하고, 사용자에게 명확하고 의미 있는 메시지를 제공하여 디버깅을 용이하게 한다.
예외처리는 'try', 'except', 'else', 'finally' 등의 키워드를 사용하여 구현된다.

위의 코드에서 'try' 블록에는 예외가 발생할 수 있는 코드를 넣고, 'except' 블록에는 특정 예외 또는 여러 예외에 대한 처리 코드를 작성한다. 'else' 블록은 예외가 발생하지 않았을 때 실행되며, 'finally' 블록은 예외 발생 여부와 상관없이 항상 실행된다.

여기서 주의할 점은 최상위 예외 처리기인 'Exception'을 사용할 때는 신중해야 한다. 가능한 구체적인 예외를 처리하고, 필요한 경우에만 범용적인 'Exception'을 사용하는 것이 좋다.

예외 처리는 코드의 안정성을 높이고 예측 가능한 동작을 유지하는 데 도움이 되므로, 프로그램을 개발할 때 꼭 고려해야 하는 중요한 부분이다.

```python
try:
    # 예외가 발생할 수 있는 코드 블록
    result = 10 / 0  # 예외 발생 예시
except ZeroDivisionError:
    # 특정 예외가 발생했을 때 실행되는 코드 블록
    print("0으로 나누기 에러가 발생했습니다.")
except (TypeError, ValueError) as e:
    # 여러 예외를 한 번에 처리할 수도 있습니다.
    print(f"타입 또는 값 에러가 발생했습니다: {e}")
except Exception as e:
    # 모든 예외를 처리할 수 있는 범용적인 예외 처리
    print(f"예외가 발생했습니다: {e}")
else:
    # 예외가 발생하지 않았을 때 실행되는 코드 블록
    print("예외가 발생하지 않았습니다.")
finally:
    # 예외 발생 여부와 상관없이 항상 실행되는 코드 블록
    print("코드 실행이 완료되었습니다.")
```

```
0으로 나누기 에러가 발생했습니다.
코드 실행이 완료되었습니다.
```

19
GPT 로 코딩하기 1
로또번호 생성기 만들기

chatGPT로 코딩하기 첫 번째로 간단하게 로또번호 생성기를 만들어 달라고 해 보자. 코랩에서 생성을 눌러 바로 질문해도 잘 만들어준다. "로또번호 생성기 만 들어줘." 이렇게 질문해 보자.

```python
import random

def generate_lotto_numbers():
    # 1부터 45까지의 숫자 중 6개를 무작위로 선택하여 리스트로 반환
    return random.sample(range(1, 46), 6)

# 로또 번호 생성
lotto_numbers = generate_lotto_numbers()

# 생성된 로또 번호 출력
print("로또 번호:", lotto_numbers)
```

로또 번호: [29, 44, 11, 43, 15, 38]

이제 AI가 만들어준 코드를 보면서 분석이 가능할 것이다. 각자가 생성할 때마 다 다른 코드가 나오기 때문에 필자와는 다른 코드가 나오더라도 주석과 내용을 보다 보면 어느 정도 이해가 될 것이다. 위 코드는 generate_lotto_numbers라는 함수에서 random 모듈을 가지고 1부터 45까지 숫자 중 6개를 무작위로 선택하여 리스트로 반환했고 함수를 호출해서 lotto_numbers라는 변수에 담고 출력을 했다.

만약 이해가 안 가는 부분이 있거나 코드를 조금 더 업그레이드하고 싶다면 같은 코드를 가지고 다시 질문할 수 있다. 오른쪽 Colab AI를 활용하거나 창을 하나 더 띄워서 chatGPT에게 물어보자. 과외 선생님처럼 답변을 잘 해줄 것이다.

"정렬해서 보여주도록 코드 업그레이드해줘."라고 추가 질문을 해 보았다.

```
import random

def generate_lotto_numbers():
    # 1부터 45까지의 숫자 중 6개를 무작위로 선택하여 리스트로 반환
    return sorted(random.sample(range(1, 46), 6))

# 로또 번호 생성
lotto_numbers = generate_lotto_numbers()

# 생성된 로또 번호 정렬 및 출력
print("로또 번호:", lotto_numbers)
```
로또 번호: [1, 2, 4, 12, 32, 35]

코드에서 sorted가 추가된 것을 볼 수 있다. 이렇게 코드 업데이트를 할 때에는 두 가지 코드를 같이 보면서 어떤 부분을 바꾸면 되는지 확인하면서 파이썬의 문법을 익히면 간단한 수정 정도는 직접 할 수 있는 수준이 될 것이다. 또 다른 아이디어가 있다면 계속해서 질문하고 업데이트해 보자. AI는 24시간 투덜대지 않고 계속해서 질문에 답하기 때문에 사람이 지치지만 않으면 원하는 답을 받을 때까지 질문을 할 수 있다.

"로또번호를 총 5세트 만들어주는 생성기 만들어줘."라고 질문해 보았다. 이렇게 프롬프트 작성 시 구체적인 사항을 물어보면서 코드를 만들고 실행해 볼 수 있다.

```
import random

def generate_lotto_set(num_sets=5):
    lotto_sets = []

    for _ in range(num_sets):
        # 1부터 45까지의 숫자 중 6개를 무작위로 선택하여 리스트로 반환
        lotto_numbers = sorted(random.sample(range(1, 46), 6))
        lotto_sets.append(lotto_numbers)

    return lotto_sets

# 로또 번호 세트 생성
lotto_sets = generate_lotto_set()

# 생성된 로또 번호 세트 출력
print("로또 번호 세트:")
for i, lotto_numbers in enumerate(lotto_sets, start=1):
    print(f"세트 {i}: {lotto_numbers}")
```

```
로또 번호 세트:
세트 1: [17, 20, 27, 33, 34, 44]
세트 2: [4, 8, 16, 27, 33, 34]
세트 3: [3, 25, 30, 32, 33, 36]
세트 4: [8, 16, 23, 39, 41, 45]
세트 5: [6, 8, 17, 27, 35, 37]
```

숫자 게임 코드를 작성해달라고 해보자. 간단한 숫자 게임을 생각해 보았는데 만약 아이디어가 없다면 GPT에게 물어볼 수도 있다.

 파이썬으로 간단한 게임을 만들어보고 싶은데 어떤 게임을 제작할 수 있을까?

 파이썬으로 간단하면서도 재미있는 게임을 몇 가지 제안해 드릴게요. 여러분이 흥미를 느끼는 주제나 장르를 선택하여 진행할 수 있습니다:

1. **퀴즈 게임:** 사용자에게 여러 개의 퀴즈를 제시하고, 정답을 맞추는 게임을 만들 수 있습니다. 간단한 선택지나 문제를 통해 사용자의 지식을 테스트할 수 있습니다.

2. **숫자 맞추기 게임:** 컴퓨터가 무작위로 숫자를 선택하고, 사용자가 그 숫자를 맞추는 게임을 만들 수 있습니다. 힌트를 주어가면서 정답을 찾도록 유도할 수 있습니다.

3. **텍스트 기반 어드벤처 게임:** 여러 선택지가 주어지는 상황에서 사용자가 선택하는 것에 따라 이야기가 전개되는 게임을 만들 수 있습니다. 다양한 엔딩을 추가하여 여러 경우의 수를 고려할 수 있습니다. …중략…

프롬프트 엔지니어가 되어 간단하게 질문하는 것보다 구체적으로 게임의 기본 로직을 설명해 주는 것도 좋다.

숫자 맞추기 게임을 제작할 거야. 게임 개발자가 되어 아래와 같이 코드 생성해 줘.

이 게임은 컴퓨터가 1부터 100 사이에서 무작위로 선택한 숫자를 사용자가 맞추는 방식으로 진행된다. 사용자가 숫자를 입력하면, 컴퓨터는 해당 숫자가 정답보다 높은지, 낮은지, 아니면 정답인지를 알려주고 사용자가 정답을 맞힐 때까지 이 과정을 반복한다.

게임의 기본 로직:
1. 컴퓨터는 1부터 100 사이의 숫자를 무작위로 선택한다.
2. 사용자가 숫자를 입력한다.
3. 컴퓨터는 사용자의 입력을 평가하여 입력값이 정답보다 높은지, 낮은지, 아니면 정확한지를 알려준다.
4. 사용자가 정답을 맞출 때까지 2번과 3번 과정을 반복한다.
5. 사용자가 정답을 맞추면, 게임은 축하 메시지와 함께 종료된다.

아래는 Python을 사용한 숫자 맞추기 게임의 간단한 코드 예시입니다. 이 코드는 위에서 요청한 기능을 모두 충족합니다.

<코드 생략>

이 스크립트를 실행하면, 사용자는 1부터 100 사이의 숫자를 맞출 때까지 입력을 계속할 수 있습니다. 정답을 맞추면, 축하 메시지가 출력되며 게임이 종료됩니다. 사용자가 숫자가 아닌 입력을 하면, 게임은 사용자에게 숫자만 입력하라고 알리고 계속 진행됩니다.

```python
import random

def guess_number_game():
    # 1부터 100 사이의 숫자를 무작위로 선택
    number_to_guess = random.randint(1, 100)
    guessed_number = None

    print("숫자 맞추기 게임에 오신 것을 환영합니다!")
    print("1부터 100 사이의 숫자를 맞춰보세요.")

    # 사용자가 정답을 맞출 때까지 반복
    while guessed_number != number_to_guess:
        # 사용자로부터 숫자 입력 받기
        user_input = input("숫자를 입력하세요: ")

        try:
            guessed_number = int(user_input)
            # 입력값 평가
            if guessed_number < number_to_guess:
                print("너무 낮아요!")
            elif guessed_number > number_to_guess:
                print("너무 높아요!")
            else:
                print("축하합니다! 정답을 맞추셨습니다!")
        except ValueError:
            # 숫자가 아닌 다른 문자를 입력했을 때 오류 메시지 출력
            print("숫자만 입력해 주세요.")

if __name__ == "__main__":
    guess_number_game()
```

```
숫자 맞추기 게임에 오신 것을 환영합니다!
1부터 100 사이의 숫자를 맞춰보세요.
숫자를 입력하세요: 30
너무 낮아요!
숫자를 입력하세요: 50
너무 낮아요!
숫자를 입력하세요: 80
너무 낮아요!
숫자를 입력하세요: 90
너무 높아요!
숫자를 입력하세요: 85
너무 높아요!
숫자를 입력하세요: 83
너무 낮아요!
숫자를 입력하세요: 84
축하합니다! 정답을 맞추셨습니다!
```

20
GPT 로 코딩하기2
파이썬 웹크롤링

웹크롤링, 웹스크래핑 등 잘 모르는 단어가 등장하면 이것 또한 GPT에게 질문해도 된다.

 웹크롤링, 웹스크래핑에 대해 설명해줘.

 웹 크롤링과 웹 스크래핑은 웹페이지에서 데이터를 추출하는 두 가지 관련된 개념입니다. 그러나 두 용어는 서로 다르게 사용되기도 하며, 세부적인 의미가 조금씩 다를 수 있습니다.

1. **웹 크롤링 (Web Crawling):**
   - 웹 크롤링은 웹 상의 다양한 페이지를 자동으로 탐색하고 데이터를 수집하는 프로세스를 의미합니다.
   - 크롤러 또는 스파이더라고 불리는 프로그램이 웹페이지를 따라 다니며 링크를 따라가거나 특정 패턴을 가진 페이지를 수집합니다.
   - 주로 검색 엔진이 웹 페이지를 인덱싱하고 검색 결과를 생성하는 데 사용됩니다.

2. **웹 스크래핑 (Web Scraping):**
   - 웹 스크래핑은 웹페이지의 내용을 추출하고 필요한 데이터를 수집하는 과정을 나타냅니다.
   - 스크래핑은 주로 웹페이지의 HTML 또는 XML 코드에서 데이터를 추출하거나, 가끔은 웹페이지의 시각적 표현에서 정보를 가져오는 것을 의미합니다.

- 데이터를 추출하기 위해 BeautifulSoup, Scrapy 등과 같은 라이브러리 및 도구가 사용됩니다.

간단히 말해, 웹 크롤링은 웹을 탐색하고 데이터를 수집하는 과정 전체를 의미하며, 웹 스크래핑은 특정 웹페이지의 내용을 분석하고 원하는 정보를 추출하는 단계입니다. 두 용어는 종종 혼용되어 사용되지만, 기술적으로는 다소 차이가 있을 수 있습니다.

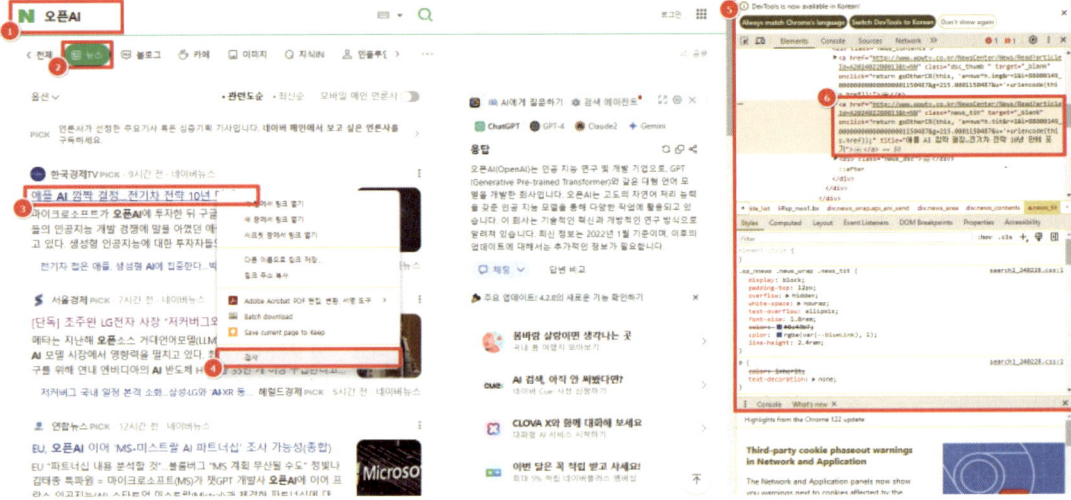

먼저 네이버의 오픈 AI 관련 뉴스 제목을 수집해 보자. 웹크롤링을 위해서는 일단 HTML 코드를 조금 이해하고 있으면 좋지만 모른다고 해도 아래와 같이 따라 해보면서 이해해 보도록 하자.

① 네이버에서 "오픈AI"로 검색 후
② 뉴스 탭으로 이동한다.
③ 뉴스 제목에서 마우스 오른쪽 클릭
④ 검사를 누르면
⑤ 오른쪽에 개발자 모드의 코드가 해당 코드에 위치하는 것을 확인할 수 있다.
⑥ 이 코드에서 중요한 내용은 title= 코드와 class= 코드이다. class=news_tit에서 news_tit을 일단 메모장에 적어둔다.
⑦ GPT에게 웹크롤링 할 주소와 클래스명, 수집할 내용 title을 알려주고 코드를 작성해달라고 해보자.

https://search.naver.com/search.naver?ssc=tab.news.all&where=news&sm=tab_jum&query=%EC%98%A4%ED%94%88AI
주소에서 웹크롤링할꺼야. class명은 news_tit이고 제목만 웹크롤링하는 파이썬 코드 작성해줘.

물론이죠! 웹크롤링을 위해서는 requests와 BeautifulSoup 라이브러리를 사용할 수 있습니다. 아래는 주어진 네이버 뉴스 검색 페이지에서 class명이 'news_tit'인 제목을 추출하는 파이썬 코드입니다.

GPT에게 명령하고 내용을 보면 beautifulsoup4 라이브러리를 설치해야 한다. 먼저 pip 명령으로 설치해 준다.

```
pip install beautifulsoup4
Requirement already satisfied: beautifulsoup4 in /usr/local/lib/python3.10/dist-packages (4.12.3)
Requirement already satisfied: soupsieve>1.2 in /usr/local/lib/python3.10/dist-packages (from beautifulsoup4) (2.5)
```

GPT가 작성해 준 코드를 실행해 보면 간단하게 제목만 추출한 것을 확인할 수 있다. 웹크롤링 한 내용을 엑셀파일로 저장할 수 있게 해달라고 요청해 보자.

```
import requests
from bs4 import BeautifulSoup

url = 'https://search.naver.com/search.naver?ssc=tab.news.all&where=news&sm=tab_jum&query=%EC%98%A4%ED%94%88AI'

# 웹페이지에 접속
response = requests.get(url)

# 정상적으로 접속되었는지 확인
if response.status_code == 200:
    # HTML 파싱
    soup = BeautifulSoup(response.text, 'html.parser')

    # class명이 'news_tit'인 제목 추출
    titles = soup.select('.news_tit')

    # 추출된 제목 출력
    for title in titles:
        print(title.text)
else:
    print(f"Error {response.status_code}: Failed to retrieve the webpage.")

애플 AI 깜짝 결정…전기차 전략 10년 만에 포기
[단독] 조주완 LG전자 사장 "저커버그와 AI 리더십 논의할 것"
EU, 오픈AI 이어 'MS-미스트랄 AI 파트너십' 조사 가능성(종합)
'인텔·오픈AI' 글로벌기업 11곳 참여…창업기업 성장지원
김영섭 KT 대표 "ICT에 AI를 더한 'AICT' 기업으로 거듭날 것"
오픈AI "NYT가 챗GPT 해킹" 주장…무슨 일
AI·XR 판 키우는 저커버그…삼성·LG 협력 수준 '촉각'
네이버 생성AI, 한국어 성능 비교하니…오픈AI·구글 제쳤다
저커버그 국내 일정 본격 소화…삼성·LG와 'AI·XR 동맹' 맺나 [비즈360]
알트만 이어 저커버그까지…AI 거물들, 한국 찾는 이유는?
```

 위 내용을 엑셀파일로 저장하는 코드 작성해줘.

 엑셀 파일로 저장하기 위해서는 pandas 라이브러리를 사용할 수 있습니다. 아래는 뉴스 제목을 엑셀 파일로 저장하는 코드입니다.

GPT가 알려준 대로 pandas 라이브러리를 설치하고 코드를 실행해 보았는데 403에러가 나온다면 에러를 복사해서 또 GPT에게 물어본다.

네이버로 여러 번 시도했을 때 계속 403에러 때문에 크롤링할 수 없었고 다른 신문사 사이트에서 크롤링 해서 저장하기까지 기존 방법대로 다시 하고 나서 완성할 수 있었다. "웹 크롤링을 할 때에는 해당 사이트의 이용 약관을 확인하고, 로봇 배제 표준(robots.txt)을 준수하는 것이 중요합니다."라고 말해주고 있다. 실제로 웹크롤링을 못하게 막아놓은 사이트들도 있으니 모든 사이트에서 크롤링을 할 수 있다고 볼 수는 없다.

```python
import requests
from bs4 import BeautifulSoup
import pandas as pd

url = 'https://media.naver.com/press/023?sid=105#lnb'

headers = {
    'User-Agent': 'Mozilla/5.0 (Windows NT 10.0; Win64; x64) AppleWebKit/537.36 (KHTML, like Gecko) Chrome/91.0.4472.124 Safari/537.36'
}

response = requests.get(url, headers=headers)

if response.status_code == 200:
    soup = BeautifulSoup(response.text, 'html.parser')
    titles = soup.select('.press_edit_news_title')
    news_titles = [title.text for title in titles]

    df = pd.DataFrame(news_titles, columns=['뉴스 제목'])
    df.to_excel('news_titles.xlsx', index=False)

    print("뉴스 제목이 'news_titles.xlsx' 파일로 저장되었습니다.")
else:
    print(f"Error {response.status_code}: Failed to retrieve the webpage.")

뉴스 제목이 'news_titles.xlsx' 파일로 저장되었습니다.
```

	A
1	뉴스 제목
2	코오롱생명과학 "인보사 허가취소 불복, 대법원 간다"
3	카카오모빌리티, 택시업계 상생 위한 재단 설립...3년간 200억원 출연
4	동화약품 판콜, "감기 조심하세요~" 판피린 제쳤다...지난해 매출 1위
5	10년만에 한국 찾은 저커버그, 첫 일정은 LG전자 경영진과 회동
6	영화 한편 5초에 전송...삼성전자, SSD급 마이크로SD카드 개발
7	삼성전자 "세탁건조기 '비스포크 AI 콤보' 사흘간 판매량 1000대 돌파"
8	위니아, 뚜껑형 김치냉장고 생산 재개
9	갤S24, 최단 기간 100만대 판매 돌파... 1020 반응 가장 뜨거운 이유
10	애플, 10년 공들인 자율주행 '애플카' 폐기한다
11	10년 만에 한국 찾은 저커버그
12	美 반도체의 역습... 마이크론, 차세대 AI 반도체 양산 돌입
13	"미션 클리어"... 어느 과기부 차관의 '유체이탈 이임식'
14	존재감 없던 美 마이크론의 역습... 어떻게 삼성·하이닉스를 넘어섰나
15	美 '반도체 지원법'에 신청서 600건... 93조원 몰려
16	"인간 인증하면 기본소득으로 준다" '월드코인' 3배 급등
17	착륙 중 넘어진 오디세우스, 달에서 분투 중
18	아이폰 시대가 끝난다... 이젠 손가락 아닌 눈빛만으로 스마트폰 쓴다
19	유영상 SKT 사장 "AI 연합군 결성해 글로벌 강자될 것... 연내 AI 데이터센터 시작"
20	네이버 "하이퍼클로바X, 한국어 역량은 빅테크 AI보다 뛰어나"
21	삼성전자, 4분기 D램 점유율 45.7% 1위...하이닉스와 격차 벌려

Error 403: Failed to retrieve the webpage.

 Error 403는 웹페이지에 대한 접근 권한이 없음을 나타냅니다. 네이버와 같은 웹사이트는 웹 크롤링을 방지하기 위해 robots.txt 파일이나 서버에서의 보안 정책 등을 통해 크롤링을 차단할 수 있습니다.

두 가지 주요 대안이 있습니다:

User-Agent 설정: requests로 HTTP 요청을 보낼 때, 브라우저처럼 보이도록 User-Agent를 설정해보세요. 이를 통해 서버는 브라우저에서의 요청으로 인식할 수 있습니다.

크롤링 가능한 정책 확인: robots.txt 파일을 확인하여 어떤 페이지를 크롤링해도 되는지 확인하세요. 네이버의 경우, robots.txt를 확인하고 크롤링이 허용된 부분을 찾아 진행할 수 있습니다.

다음은 User-Agent 설정 예시입니다:

위 코드에서 User-Agent를 설정하여 다시 시도해보세요. 만약에도 동일한 문제가 발생한다면, 해당 사이트의 크롤링 정책을 확인하고 적절한 접근 방법을 찾아보시기를 권장합니다.

Yes24 베스트셀러 책 제목을 추출해 보자. 같은 코드에서 주소와 class 명만 수정해서 확인해 보았다.

책 제목이 잘 크롤링 되는 것을 확인할 수 있다.

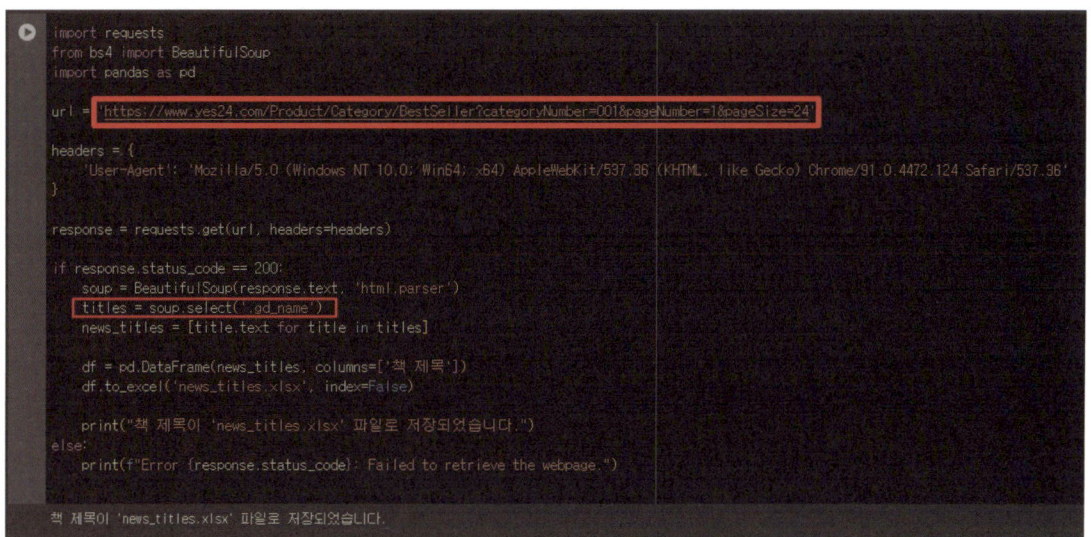

21
GPT로 코딩하기3 QR코드 생성기

QR코드 생성기를 만들어보자. 네이버 QR코드 만들기나 URL을 단축해 주는 사이트 등에서도 QR코드를 만들 수는 있지만 나만의 QR코드 만들기를 파이썬으로 만들어볼 수 있다.

 파이썬으로 QR코드 생성기 만드는 코드 알려줘.

 QR 코드 생성을 위해 qrcode 라이브러리를 사용할 수 있습니다. 먼저, 라이브러리를 설치해야 합니다. 아래는 QR 코드를 생성하는 간단한 예제 코드입니다.
이 코드는 qrcode 라이브러리를 사용하여 URL이나 텍스트 데이터로부터 QR 코드를 생성합니다. generate_qr_code 함수를 호출할 때 데이터와 파일 이름을 전달하여 QR 코드를 생성할 수 있습니다. 이 코드를 실행하면 현재 디렉토리에 example_qrcode.png 파일로 QR 코드가 생성됩니다. 필요에 따라 데이터와 파일 이름을 변경하여 사용하시면 됩니다.

GPT가 알려준 데로 pip install을 이용해 해당 모듈을 먼저 설치한 후에 사용해보자.

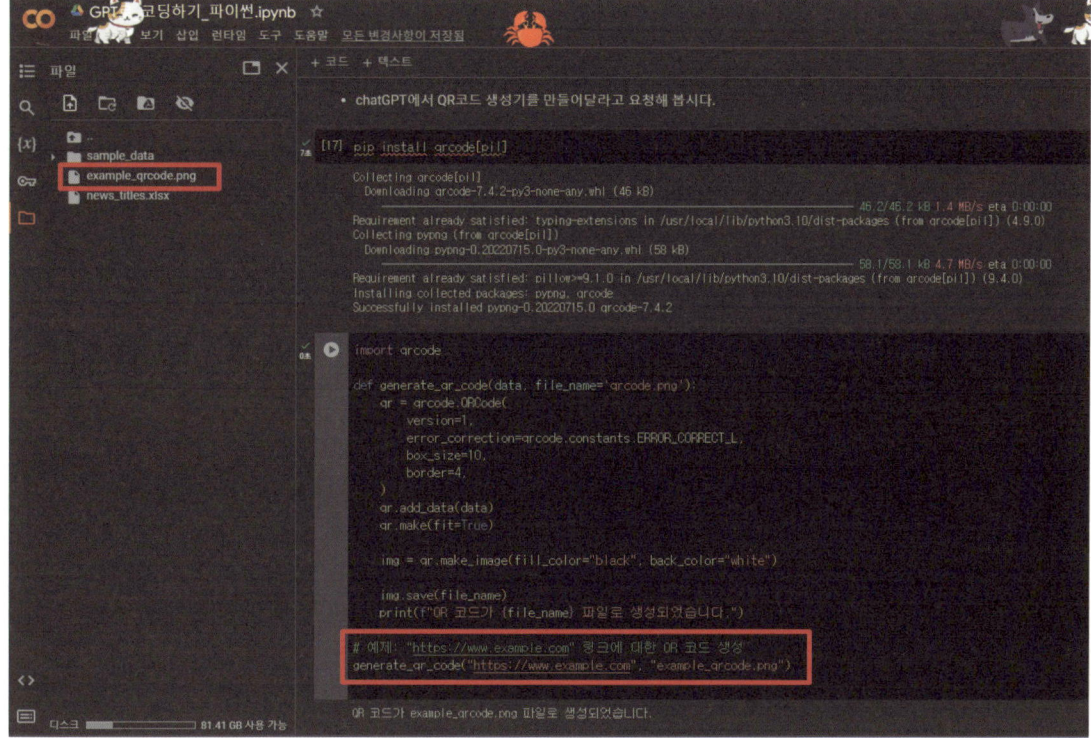

아래쪽에서 연결할 주소만 바꿔주면 나만의 QR코드 생성기가 만들어진 것이다. 만들어진 QR코드는 파일에 저장되니까 파일 폴더를 확인하고 필요한 경우 다운로드해두어야 한다.

22
GPT 로 코딩하기4
오토마우스 카카오톡 자동화 프로그램

파이썬으로 마우스나 키보드를 제어할 수 있다. 프로그램을 제작해서 오토 마우스를 구현해 보자. 먼저 마우스 키보드 컨트롤이 가능한 모듈을 설치해 주어야 하는데 pyautogui 모듈을 사용한다.

단, pyautogui는 주피터 노트북 환경, 코랩에서 구현이 잘 안되기 때문에 Visual studio code를 활용해서 PC에서 실습해 보도록 하자. 먼저 GPT에게 물어보았다.

 pyautogui 에 대해서 자세히 알려줘.

 'pyautogui'는 Python에서 마우스와 키보드를 자동으로 제어할 수 있는 라이브러리입니다. 이를 사용하여 화면에서 이미지를 검색하거나, 특정 위치로 마우스를 이동시키거나, 클릭하거나, 텍스트를 입력하는 등의 작업을 자동화할 수 있습니다. 'pyautogui'는 여러 플랫폼에서 동작하며, 윈도우, macOS, 리눅스 등을 지원합니다.

주요 기능과 사용법에 대해 간략하게 설명하겠습니다:

주요 기능:

1. **마우스 제어:**
   - 'pyautogui.moveTo(x, y, duration=seconds)': 마우스를 지정한 위치 '(x, y)'로 이동시킵니다.
   - 'pyautogui.click()', 'pyautogui.rightClick()', 'pyautogui.doubleClick()': 클릭, 우클릭, 더블 클릭을 수행합니다.
   - 'pyautogui.mouseDown()', 'pyautogui.mouseUp()': 마우스 버튼을 누르거나 뗍니다.

2. **키보드 제어:**
   - 'pyautogui.typewrite('Hello, world!')': 텍스트를 입력합니다.
   - 'pyautogui.press('enter')': 엔터 키를 누릅니다.
   - 'pyautogui.hotkey('ctrl', 'c')': 조합 키를 누릅니다.

3. **화면 캡처:**
   - 'pyautogui.screenshot('screenshot.png')': 현재 화면의 스크린샷을 저장합니다.

4. **이미지 검색:**
   - 'pyautogui.locateOnScreen('image.png')': 화면에서 이미지를 검색하고 위치를 반환합니다.

사용법:

```python
import pyautogui
import time

# 2초 동안 대기
time.sleep(2)

# 현재 마우스 위치 출력
print("현재 마우스 위치:", pyautogui.position())

# 화면 중앙으로 마우스 이동
pyautogui.moveTo(pyautogui.size().width / 2, pyautogui.size().height / 2, duration=1)

# 클릭
pyautogui.click()

# 2초 동안 대기
time.sleep(2)
```

```
# 마우스 이동 후 클릭
pyautogui.moveTo(100, 100, duration=1)
pyautogui.click()
```

이 코드는 위에서 설명한 예제 코드와 같습니다. `pyautogui`의 다양한 기능과 자세한 사용법은 [공식 문서](https://pyautogui.readthedocs.io/en/latest/)에서 확인할 수 있습니다.

오토 마우스로 카카오톡 메시지를 전송해 보자. 나에게 자동 메시지를 보내는 코드를 작성하기 위해서는 순서가 아래와 같다.
오른쪽에 카카오톡이 열려있는 가정하에 먼저 ① 친구를 누른 다음에 ② 자기 자신을 클릭하고 ③ 대화창을 클릭해서 ④ 메시지를 전송하고 ⑤ 대화창을 닫으려고 한다. 그러기 위해서는 그 좌표를 알아야 하는데 좌표를 프린트하기 위한 코드를 작성해서 좌표를 알아보자.

현재 마우스 위치를 출력하려면

pyautogui.position()

명령을 프린트하면 된다.

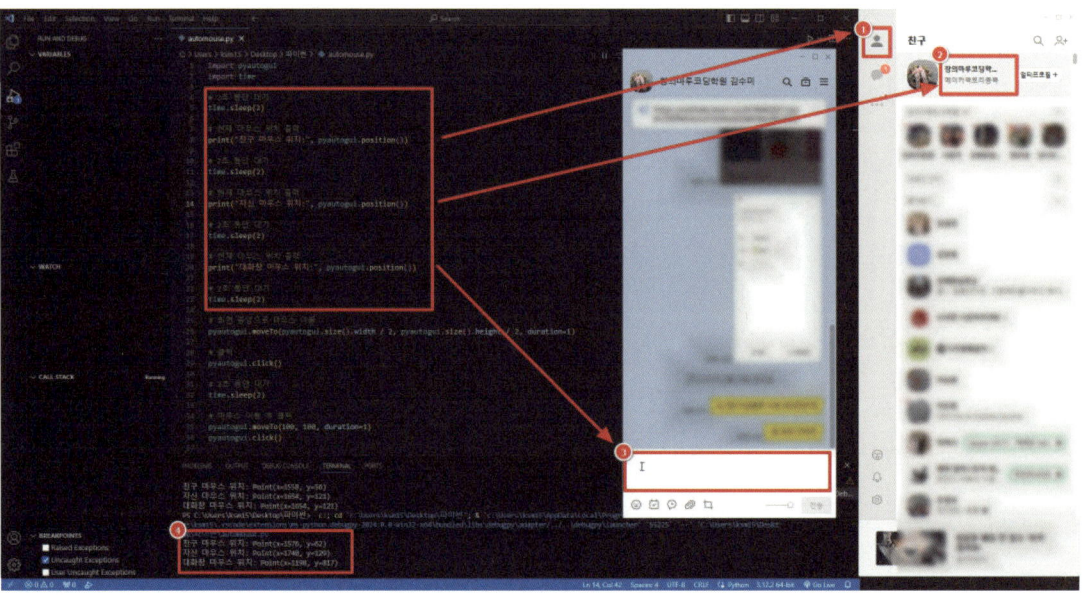

위와 같이 코드를 작성하고 위치 좌표를 파악해 보자. 2초 동안 대기하고 난 후 마우스의 좌표 위치를 출력하기 때문에 마우스를 해당 위치에 가져다 놓으면 된다. F5로 실행하고 ① 친구에 마우스 위치 ② 자기 자신에 마우스 위치 ③ 대화창 클릭할 곳의 마우스 위치를 파악해 보면 아래와 같다.

친구 마우스 위치: Point(x=1576, y=62)
자신 마우스 위치: Point(x=1740, y=129)
대화창 마우스 위치: Point(x=1198, y=817)

좌표를 기준으로 다시 한번 로직을 짜 보면 아래와 같다.
① x=1562, y=65
② 클릭
③ x=1740, y=126
④ 더블클릭
⑤ 키보드 내용 입력
⑥ 엔터
⑦ Esc

이를 코드로 작성하고 실행해 보면 잘 전송되는 것을 확인할 수 있다.

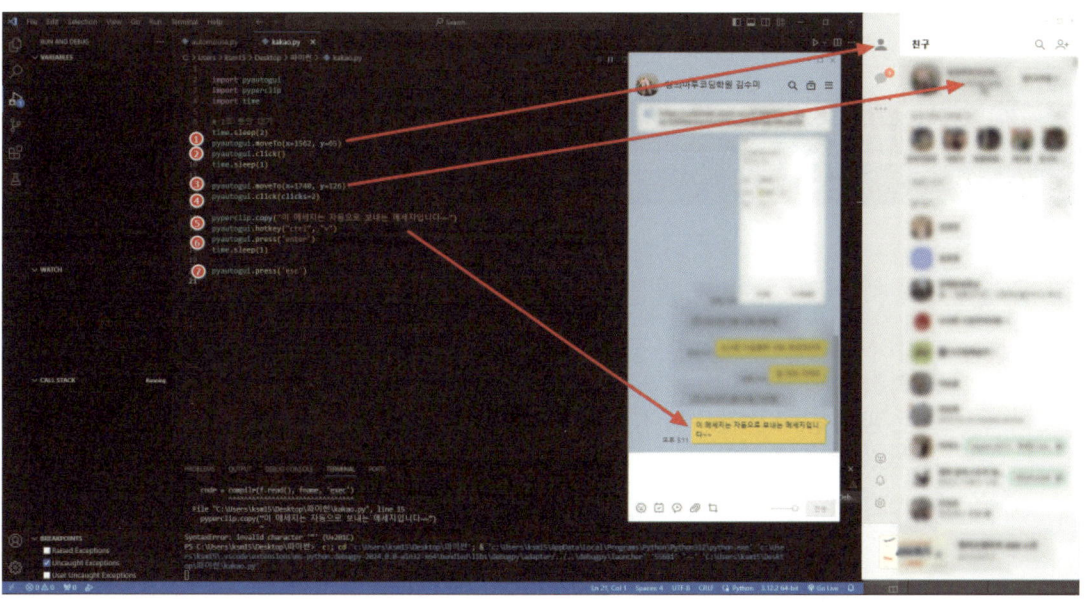

23
GPT 로 코딩하기5
지렁이 게임 만들기

게임을 만드는 모듈은 pygame 라이브러리를 사용하면 되는데 이 또한 주피터 노트북 환경에서는 불가능하니 PC의 Visusal Studio Code를 활용해 보자. 먼저 cmd 명령 프롬프트로 이동해 pygame을 설치해 준다.

pip install pygame

GPT에게 명령해서 지렁이 게임을 만들어 달라고 해보자.

 지렁이 게임을 만들거야. 플레이어는 화면 상의 뱀을 키보드 방향키로 조종하여 먹이를 먹고, 벽이나 자신의 몸에 부딪히지 않도록 해야 해. 뱀이 먹이를 먹으면 뱀의 길이가 늘어나며, 점점 속도가 빨라진다.
1. 게임 화면 초기화
2. 뱀과 음식의 초기 위치 설정
3. 사용자 입력(방향키)에 따라 뱀의 방향 조정
4. 뱀이 음식을 먹으면, 뱀의 길이 증가
5. 뱀이 벽이나 자신의 몸에 부딪히면 게임 오버
6. 점수 표시 (뱀의 길이에 따라)

```
import pygame
import sys
import random

# 초기화
pygame.init()

# 화면 설정
width, height = 800, 600
screen = pygame.display.set_mode((width, height))
pygame.display.set_caption("Snake Game")

# 색상 정의
white = (255, 255, 255)
black = (0, 0, 0)
red = (255, 0, 0)

# 지렁이 초기 위치
snake_pos = [100, 50]
snake_body = [[100, 50], [90, 50], [80, 50]]
snake_direction = 'RIGHT'
change_to = snake_direction
speed = 15

# 먹이 초기 위치
food_pos = [random.randrange(1, (width // 10)) * 10, random.randrange(1, (height // 10)) * 10]
food_spawn = True

# 게임 루프
while True:
    for event in pygame.event.get():
        if event.type == pygame.QUIT:
            pygame.quit()
            sys.exit()
        elif event.type == pygame.KEYDOWN:
            if event.key == pygame.K_UP:
                change_to = 'UP'
            elif event.key == pygame.K_DOWN:
                change_to = 'DOWN'
            elif event.key == pygame.K_LEFT:
                change_to = 'LEFT'
            elif event.key == pygame.K_RIGHT:
                change_to = 'RIGHT'
```

```python
# 방향 변경
if change_to == 'UP' and not snake_direction == 'DOWN':
    snake_direction = 'UP'
if change_to == 'DOWN' and not snake_direction == 'UP':
    snake_direction = 'DOWN'
if change_to == 'LEFT' and not snake_direction == 'RIGHT':
    snake_direction = 'LEFT'
if change_to == 'RIGHT' and not snake_direction == 'LEFT':
    snake_direction = 'RIGHT'

# 지렁이 이동
if snake_direction == 'UP':
    snake_pos[1] -= 10
if snake_direction == 'DOWN':
    snake_pos[1] += 10
if snake_direction == 'LEFT':
    snake_pos[0] -= 10
if snake_direction == 'RIGHT':
    snake_pos[0] += 10

# 지렁이와 먹이의 충돌 감지
if snake_pos[0] == food_pos[0] and snake_pos[1] == food_pos[1]:
    food_spawn = False
else:
    if len(snake_body) > 1:
        snake_body.pop()

# 먹이 생성
if not food_spawn:
    food_pos = [random.randrange(1, (width // 10)) * 10, random.randrange(1, (height // 10)) * 10]
    food_spawn = True

# 화면 업데이트
screen.fill(black)
for pos in snake_body:
    pygame.draw.rect(screen, white, pygame.Rect(pos[0], pos[1], 10, 10))

    pygame.draw.rect(screen, red, pygame.Rect(food_pos[0], food_pos[1], 10, 10))

# 지렁이 머리 추가
snake_body.insert(0, list(snake_pos))
```

```
    # 충돌 감지
    if snake_pos[0] < 0 or snake_pos[0] > width - 10 or snake_pos[1] < 0 or snake_pos[1] > height - 10:
        pygame.quit()
        sys.exit()

    for block in snake_body[1:]:
        if snake_pos[0] == block[0] and snake_pos[1] == block[1]:
            pygame.quit()
            sys.exit()

    # 화면 업데이트
    pygame.display.flip()

    # 게임 속도 조절
    pygame.time.Clock().tick(speed)
```

코드를 복사해서 Visual Studio Code에서 실행해 보면 지렁이 게임이 잘 실행되는 것을 볼 수 있다. 키보드 방향 키로 조종하면서 실행해 보고 잘 안되는 부분이 있으면 GPT에게 추가 요청을 해서 지렁이 게임을 완성시킬 수 있다.

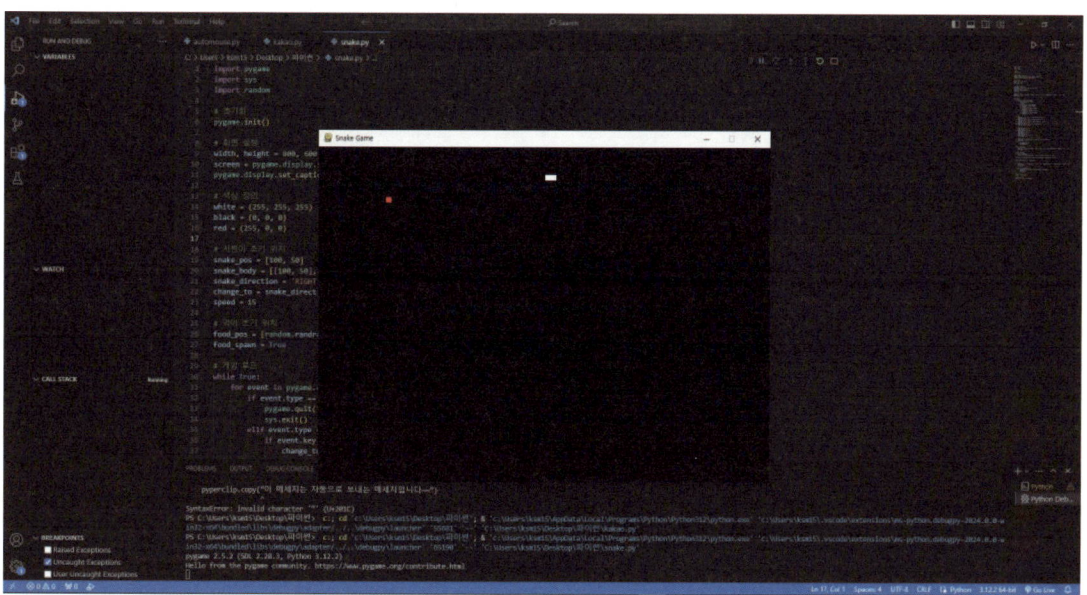

24
GPT 로 코딩하기6
판다스 시각화

데이터 분석 썸트렌드(some.co.kr)의 소셜 분석 센터는 SNS 빅데이터를 쉽게 분석할 수 있는 서비스다. 단순 검색량이 아닌 사람들이 SNS에 작성한 문서(게시글)를 분석하여 결과로 제공한다. 예로 특정 기간 내 '코로나'가 포함된 SNS 문서의 개수를 볼 수 있을 뿐만 아니라 평판은 어땠는지, 연관된 단어와 긍·부정 단어도 확인할 수 있다.

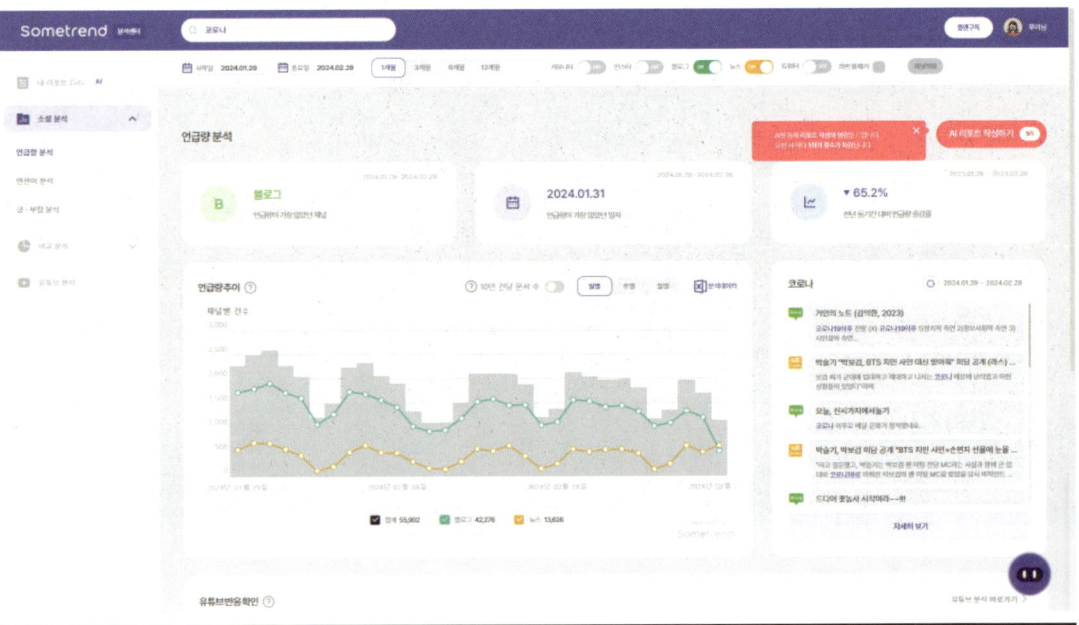

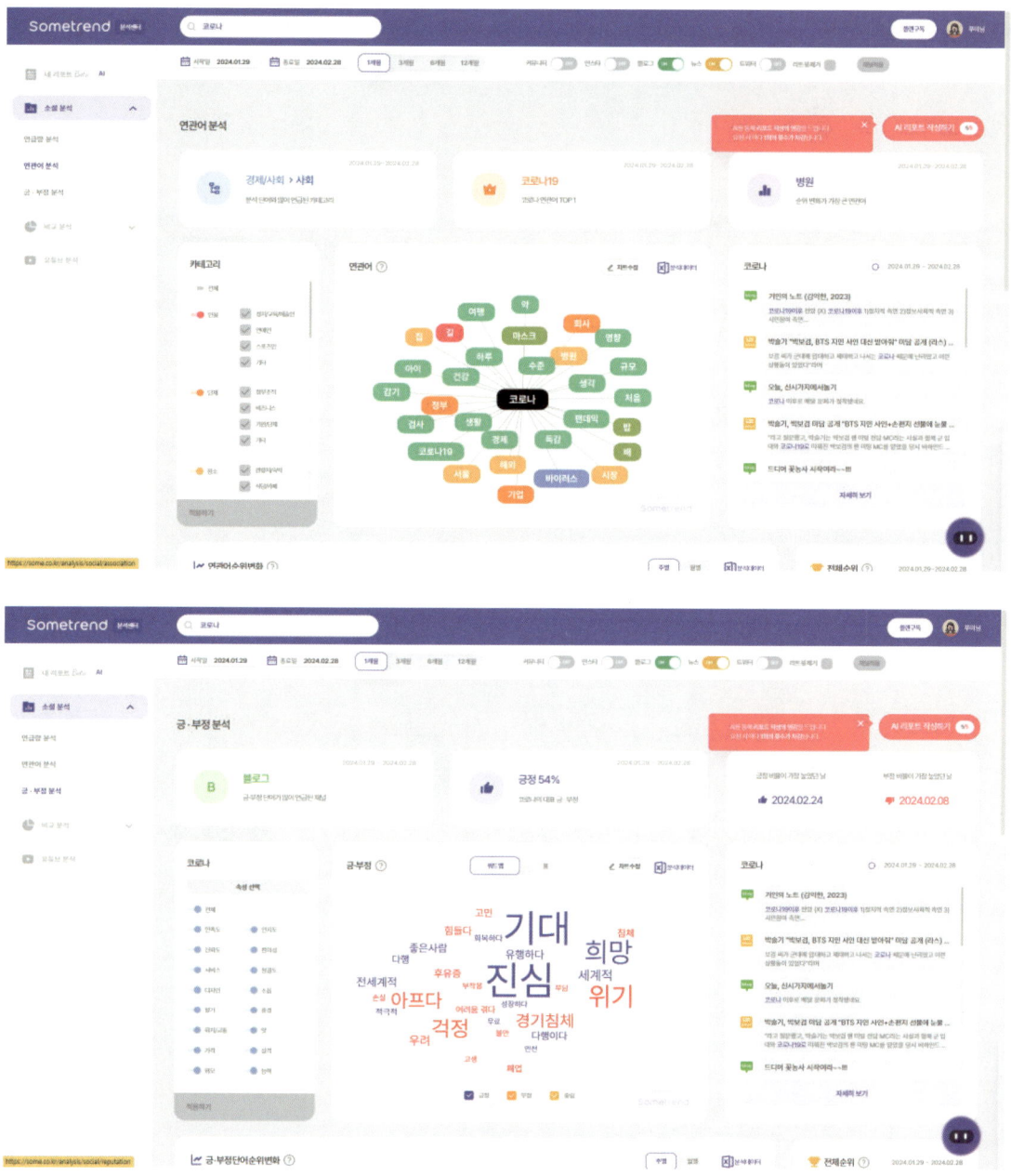

소셜 분석 외에 비교 분석도 가능한데 '파이썬'과 'C언어'를 넣어서 비교 분석해 보았다. 무료 분석에는 1개월단위 분석만 가능하고 유료 플랜으로 가입하면 1년까지 기간 분석이 가능하다.

이런 데이터 분석과 같이 빅데이터를 분석하고 시각화하는 작업은 복잡한 데이터를 한눈에 볼 수 있어서 이해가 쉽고 효율적인 문제 해결에 도움을 주기 때문이다.

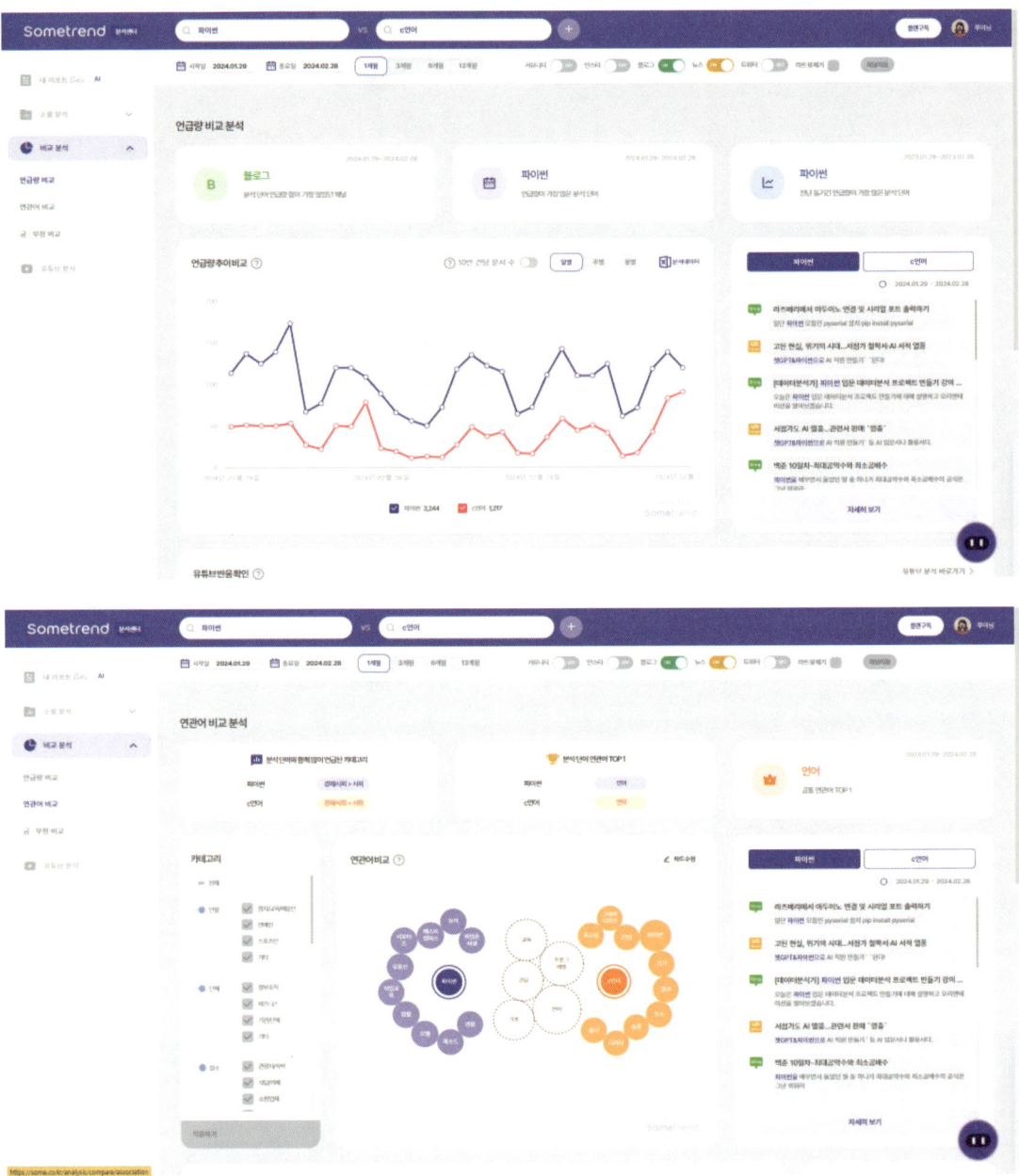

언급량에서 보면 파이썬이 C언어보다 훨씬 많은 것을 볼 수 있다. 연관어 분석에서는 파이썬과 코딩의 공통 연관어로 교육, 코딩, 프로그래밍, 언어, 기초 등을 볼 수 있고 각각의 연관어도 분석이 가능하다. 긍·부정어 분석도 워드 클라우드로 쉽게 파악할 수 있게 시각화되어 있는 것을 확인할 수 있다.

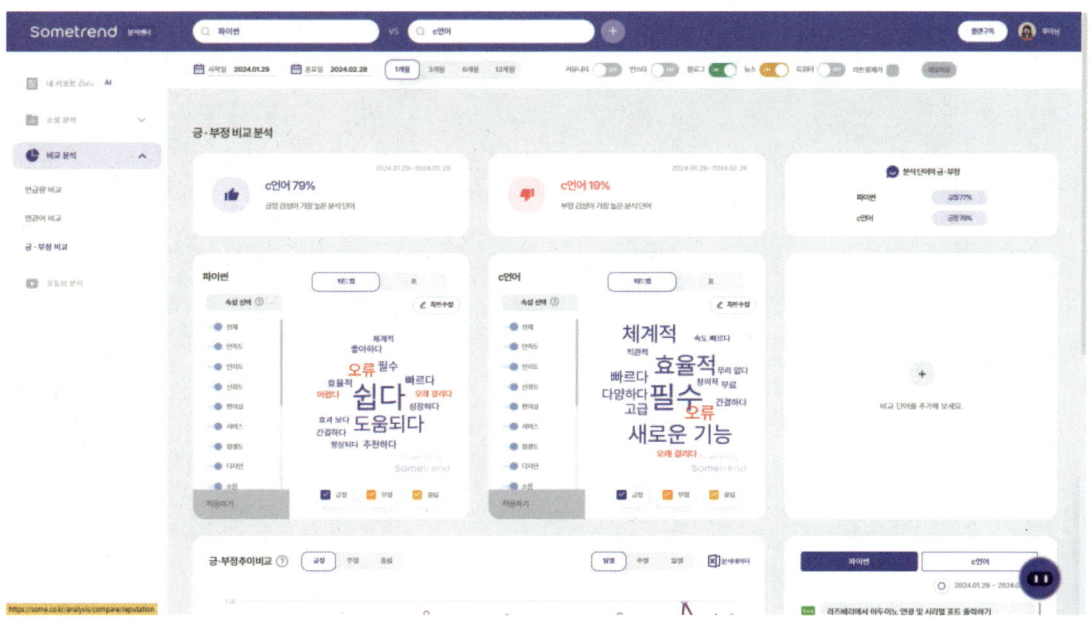

파이썬에서는 판다스와 시각화 라이브러리들을 활용해서 복잡한 데이터를 시각화할 수 있다. chatGPT를 활용해서 복잡한 데이터를 시각화해보자.

> 파이썬으로 데이터분석을 하고 시각화하는 예제를 만들어줘. 데이터는 제공 데이터로 할 수 있는 예제로 만들어줘.

 물론이죠! 제공 데이터 중 하나인 Iris 데이터셋을 사용하여 간단한 데이터 분석과 시각화 예제를 만들어보겠습니다. Iris 데이터셋은 꽃의 세 가지 종류에 대한 측정값을 포함하고 있습니다.

먼저, 필요한 라이브러리를 설치하고 데이터를 불러옵니다.

데이터 분석은 pandas, matplotlib, seaborn, scikit-learn 등의 라이브러리를 사용할 수 있다. 데이터 분석은 GPU를 사용해야 하기 때문에 Colab에서 실행하는 것이 좋다.

먼저 기본으로 제공되는 데이터 분석 예제로 시각화를 시켜보았다. 데이터 분석 기초 학습과정에서 많이 활용하는 iris 데이터를 활용해 시각화 한 예시이다.

```python
import pandas as pd
import matplotlib.pyplot as plt
import seaborn as sns
from sklearn.datasets import load_iris

# Iris 데이터셋 불러오기
iris = load_iris()
data = pd.DataFrame(data=iris.data, columns=iris.feature_names)
data['target'] = iris.target
data['species'] = data['target'].map({0: 'setosa', 1: 'versicolor', 2: 'virginica'})

# 데이터 통계 정보 확인
print(data.describe())

# 품종별 시각화
sns.pairplot(data, hue='species')
plt.show()

# 상관 히트맵 시각화
correlation_matrix = data.corr()
sns.heatmap(correlation_matrix, annot=True, cmap='coolwarm', fmt='.2f')
plt.title('Correlation Heatmap')
plt.show()

# 각 품종의 특징별 분포 시각화
plt.figure(figsize=(15, 8))
for i, feature in enumerate(iris.feature_names):
    plt.subplot(2, 2, i + 1)
    sns.kdeplot(data[data['species'] == 'setosa'][feature], label='setosa', shade=True)
    sns.kdeplot(data[data['species'] == 'versicolor'][feature], label='versicolor', shade=True)
    sns.kdeplot(data[data['species'] == 'virginica'][feature], label='virginica', shade=True)
    plt.title(f'{feature} distribution by species')
plt.show()
```

```
       sepal length (cm)  sepal width (cm)  petal length (cm)
count         150.000000        150.000000         150.000000
mean            5.843333          3.057333           3.758000
std             0.828066          0.435866           1.765298
min             4.300000          2.000000           1.000000
25%             5.100000          2.800000           1.600000
50%             5.800000          3.000000           4.350000
75%             6.400000          3.300000           5.100000
max             7.900000          4.400000           6.900000

       petal width (cm)      target
count        150.000000  150.000000
mean           1.199333    1.000000
std            0.762238    0.819232
min            0.100000    0.000000
25%            0.300000    0.000000
50%            1.300000    1.000000
75%            1.800000    2.000000
max            2.500000    2.000000
```

iris 데이터 셋은 통계학자 Ronald Fisher가 1936년에 도입한 붓꽃(iris)의 세 가지 종류에 대한 측정값을 포함하고 있다. iris 데이터 셋에는 총 150개의 샘플이 있으며, 3가지 종류의 붓꽃(iris setosa, iris virginica, iris versicolor) 각각 50개의 샘플이 포함되어 있다. 측정값은 4가지 특성(feature)으로 구성되어 있으며, 각 특성은 붓꽃의 꽃받침 길이(sepal length), 꽃받침 너비(sepal width), 꽃잎 길이(petal length), 꽃잎 너비(petal width)를 나타낸다.

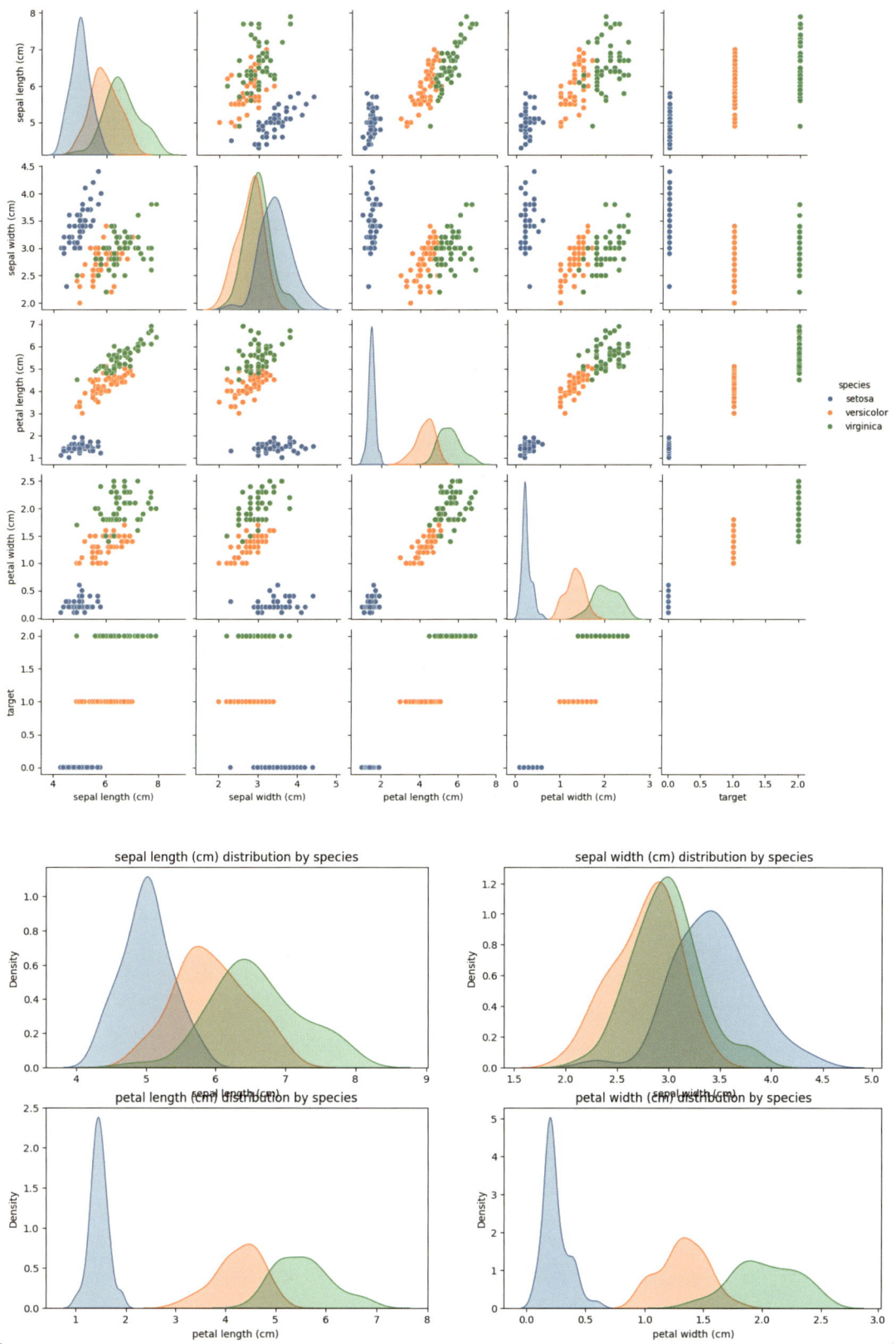

각 붓꽃 종류별로 특성들의 분포를 산점도나 히스토그램을 이용하여 시각화하여 데이터 분포를 파악할 수 있다. 이 데이터를 바탕으로 붓꽃의 특성을 입력받아 해당 붓꽃의 종류를 예측하는 분류 모델을 학습하고 평가할 수 있다. 또 iris 데이터 셋의 특성들 간의 상관관계를 분석해 산점도나 히트맵으로 시각화해서 확인할 수 있다. 위는 산점도와 히스토그램, 아래는 히트맵으로 나타낸 시각화 예시이다.

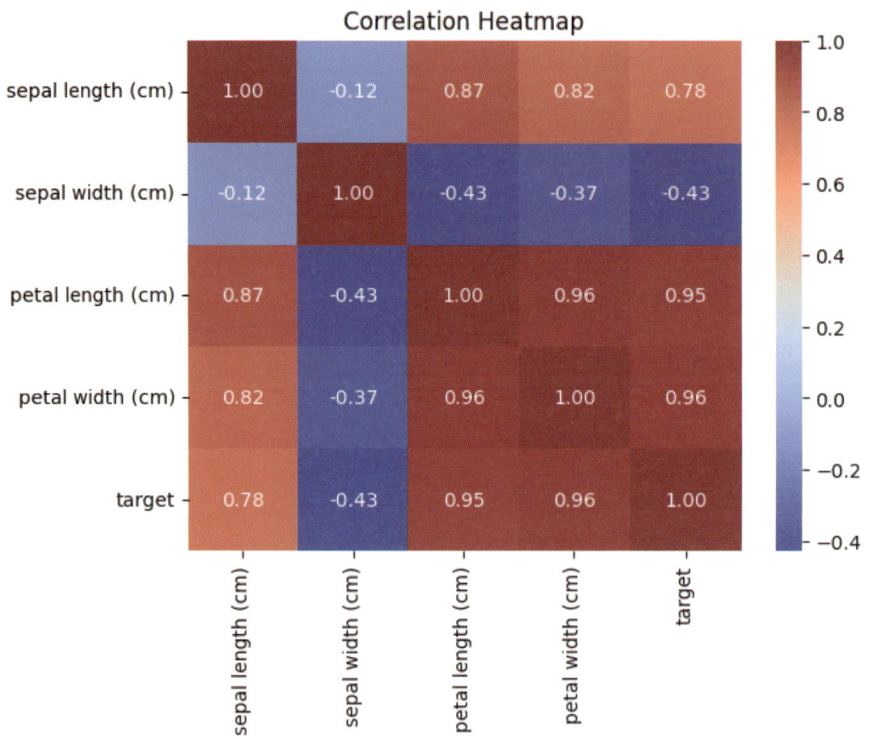

25
GPT 로 코딩하기7
API 활용하기

API(Application Programming Interface)란 소프트웨어 간 프로그램이 서로 통신할 수 있도록 하는 일종의 규칙 집합을 말한다. 쉽게 설명하면 네이버 지도 API를 이용해 내가 만든 앱에서 "청주에서 부산까지 어떻게 가야 해?"라고 물어봤을 때 내가 만든 앱이 네이버 지도 API 서비스를 호출해서 길을 알려줄 수 있게 되는 것이다.

다양한 API들이 존재하는데 대표적으로 기상청의 API는 날씨정보, 물류업체의 API는 쇼핑몰의 배송정보, 구글이나 네이버 지도 API 지도 서비스, 페이스북과 SNS API, NICE 평가정보 API 등 많은 API가 있다. 이런 API를 활용하려면 ① 사용하려는 기능을 제공하는 API를 선택하고 ② API 관련 문서를 읽고 사용하는 방법을 이해한 후 ③ API키를 발급받고 ④ API 문서에 따라 API를 호출하고 ⑤ API로부터 받은 응답을 처리하는 과정을 거친다.

여기서 API 키란 사용자를 식별하고 권한을 부여하기 위해 발급하는 키를 말한다. API를 사용하려면 해당 서비스에서 API 키를 발급받아야 하고 보안 및 인증 절차를 이해하고 준수해야 한다. 무료 API들도 있지만 사용량 제한이나 유료 요금을 적용하기도 한다. 날씨 API를 활용하면서 이해해 보자.

먼저 chatGPT에게 질문해보았다.

 파이썬 날씨 api 활용 예제 알려줘

 파이썬을 이용해 API를 활용하는 예제로 간단한 날씨 정보를 조회하는 애플리케이션을 만드는 과정을 소개하겠습니다. 이 예제에서는 OpenWeatherMap API를 사용합니다. OpenWeatherMap은 전 세계의 날씨 정보를 제공하는 서비스입니다. 먼저, OpenWeatherMap 웹사이트에 가입하고, API 키를 발급받아야 합니다.

OpenWeatherMap API 키 발급 과정
OpenWeatherMap의 공식 웹사이트(https://openweathermap.org/)에 방문하여 계정을 생성합니다.
API 키(무료 플랜으로 충분)를 발급받습니다.
발급받은 API 키를 안전한 곳에 저장합니다.

필요한 라이브러리 설치
requests 라이브러리를 사용하여 API에 요청을 보냅니다. 이 라이브러리가 설치되어 있지 않다면, 설치해야 합니다. 터미널에서 다음 명령어로 설치할 수 있습니다:

<코드생략>

위 코드에서 YOUR_API_KEY 부분을 실제 발급받은 API 키로 교체하고, 원하는 도시 이름으로 city_name 변수를 변경하세요. 이 스크립트를 실행하면, 지정한 도시의 현재 날씨 정보(온도, 습도, 날씨 설명)를 출력합니다.
API 사용은 각 서비스의 사용 약관을 확인하고 이에 따라야 하며, OpenWeatherMap 또한 자신의 API 사용량 제한을 문서에서 확인할 수 있습니다. 무료 플랜은 요청 횟수에 제한이 있으니 개발 과정에서 이를 염두에 두어야 합니다.

코랩에서 필요한 라이브러리를 설치해 준다.

```
pip install requests
```

```
Requirement already satisfied: requests in /usr/local/lib/python3.10/dist-packages (2.31.0)
Requirement already satisfied: charset-normalizer<4,>=2 in /usr/local/lib/python3.10/dist-packages (from requests) (3.3.2)
Requirement already satisfied: idna<4,>=2.5 in /usr/local/lib/python3.10/dist-packages (from requests) (3.6)
Requirement already satisfied: urllib3<3,>=1.21.1 in /usr/local/lib/python3.10/dist-packages (from requests) (2.0.7)
Requirement already satisfied: certifi>=2017.4.17 in /usr/local/lib/python3.10/dist-packages (from requests) (2024.2.2)
```

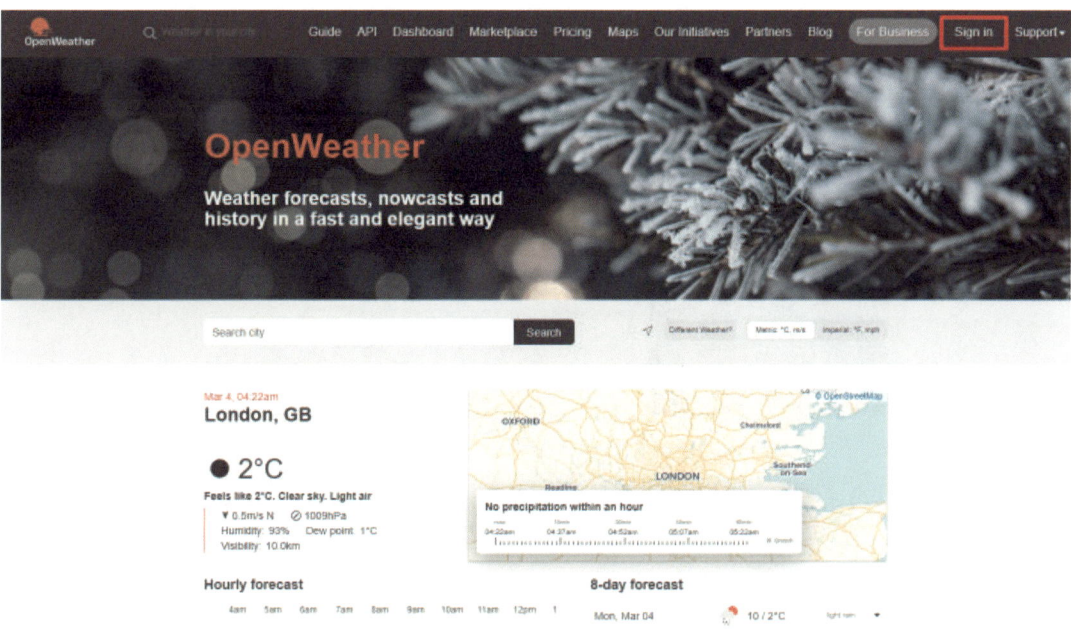
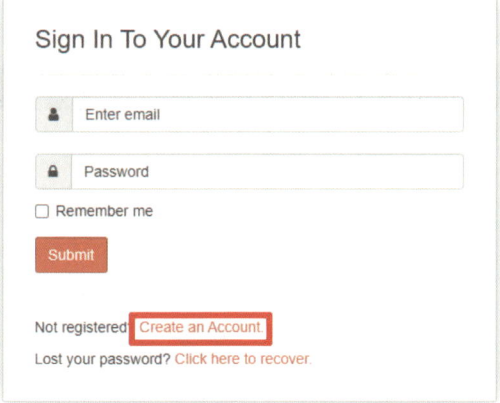
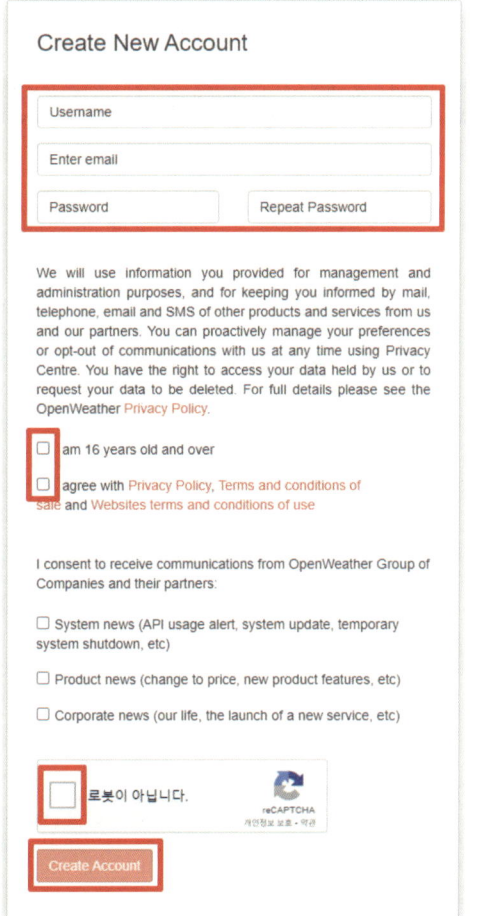

openweather 사이트에 접속한 후 Sign in을 눌러 회원가입을 한다.

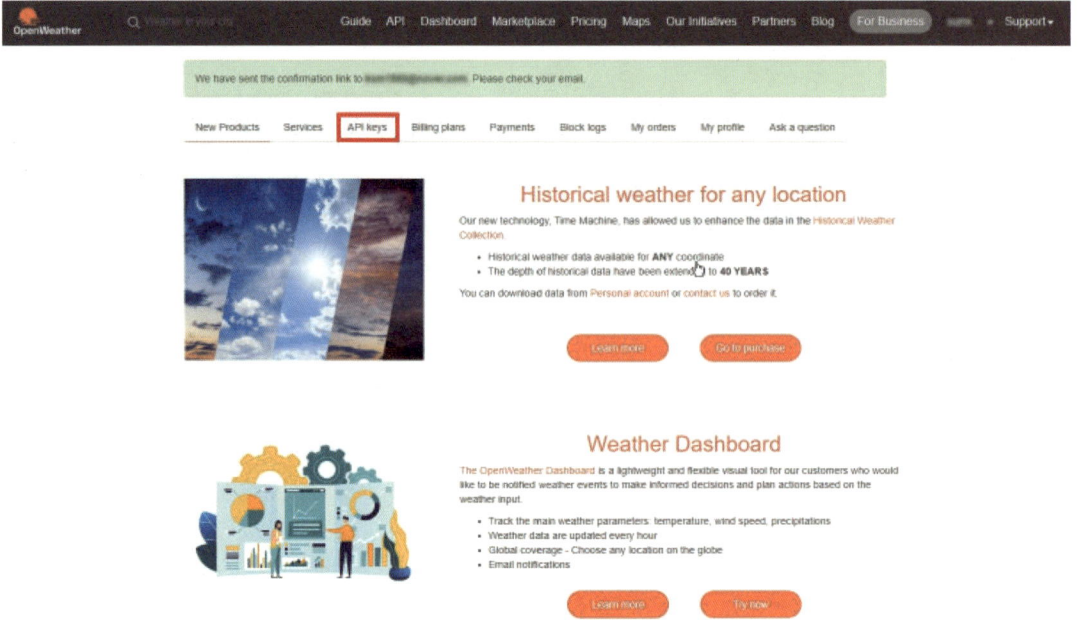

API keys를 클릭하고 발급된 API 키를 복사해둔다.

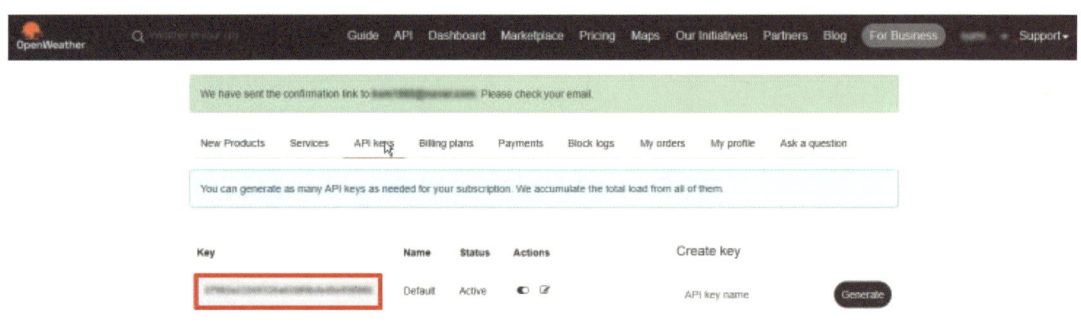

다시 코랩으로 돌아간 후 chatGPT가 작성해둔 코드를 복사해서 넣어준 후 YOUR_API_KEY 부분에 발급된 API 키를 넣어준 후 실행해 보면 날씨 정보를 잘 받아오는 것을 확인할 수 있다. city_name을 다른 도시로 바꿔서 넣어봐도 잘 나오는 것을 확인할 수 있다.

만약 오류가 발생하면 오류를 복사해서 GPT에게 전달 후 내용을 확인하고 수정 절차를 거치면 된다.

```python
import requests

def get_weather(api_key, city):
    base_url = "http://api.openweathermap.org/data/2.5/weather?"
    complete_url = f"{base_url}appid={api_key}&q={city}&units=metric"
    response = requests.get(complete_url)
    data = response.json()

    if data["cod"] != "404":
        main = data["main"]
        temperature = main["temp"]
        humidity = main["humidity"]
        weather_description = data["weather"][0]["description"]

        print(f"Weather in {city}:")
        print(f"Temperature: {temperature}° C")
        print(f"Humidity: {humidity}%")
        print(f"Description: {weather_description}")
    else:
        print("City not found.")

# API 키와 도시 이름을 변수에 저장
api_key = "YOUR_API_KEY"
city_name = "Seoul"

# 날씨 정보를 가져오는 함수 호출
get_weather(api_key, city_name)
```

API가 전달해 준 다른 내용을 확인하고 싶으면 응답받은 data = response.json() 를 출력해서 print(data) 어떤 데이터들이 나오는지 확인해 보는 것도 좋은 방법이다.

```python
import requests

def get_weather(api_key, city):
    base_url = "http://api.openweathermap.org/data/2.5/weather?"
    complete_url = f"{base_url}appid={api_key}&q={city}&units=metric"
    response = requests.get(complete_url)
    data = response.json()
    #print(data)

    if data["cod"] != "404":
        main = data["main"]
        temperature = main["temp"]
        humidity = main["humidity"]
        weather_description = data["weather"][0]["description"]

        print(f"Weather in {city}:")
        print(f"Temperature: {temperature}° C")
        print(f"Humidity: {humidity}%")
        print(f"Description: {weather_description}")
    else:
        print("City not found.")

# API 키와 도시 이름을 변수에 저장
api_key = "****************************"
city_name = "Cheongju"

# 날씨 정보를 가져오는 함수 호출
get_weather(api_key, city_name)
```

```
Weather in Cheongju:
Temperature: 7.98° C
Humidity: 71%
Description: mist
```

조금 더 다양한 API를 활용해 보고자 한다면 국가공공데이터포털을 이용해 보는 것도 좋다. 국가공공데이터포털(data.go.kr)은 대한민국 정부에서 제공하는 공공데이터를 수집하고 통합하여 제공하는 플랫폼이다.

여러 기관 및 부처에서 생산하는 다양한 종류의 데이터들이 이 포털을 통해 제공되며, 이를 활용하여 다양한 분야에서 사회적 가치를 창출할 수 있다. 포털에서 제공하는 데이터는 CSV, JSON, XML 외 API 형태로도 제공된다. 이를 활용

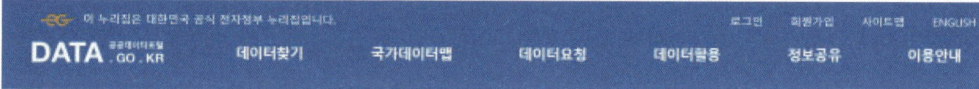

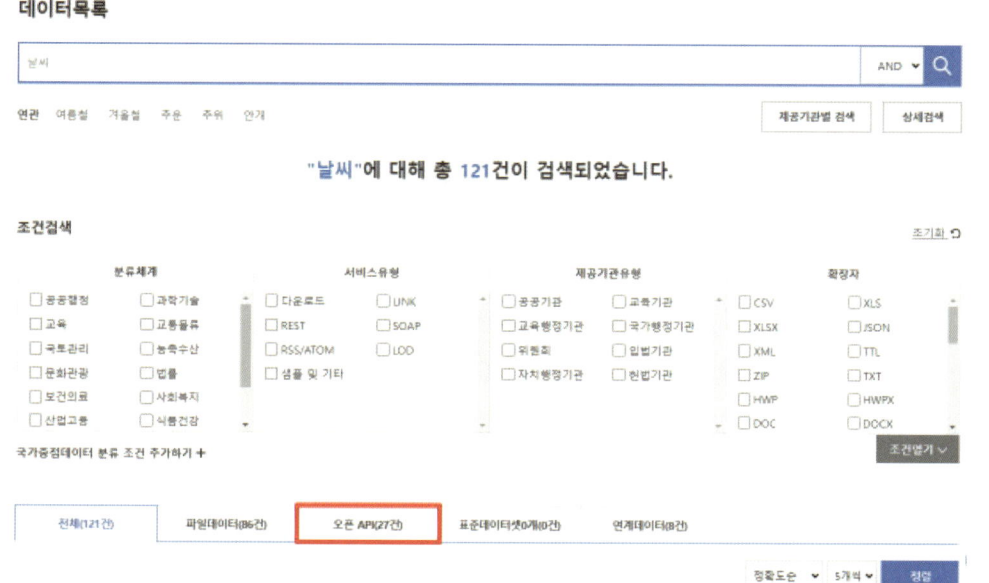

163

하면 쉽게 데이터를 가져와 자신의 애플리케이션에 적용할 수 있다.

26
파이썬 오류

GPT에게 요청을 해도 항상 100% 정답만 내놓는 게 아니기 때문에 다양한 오류에 부딪치게 된다. 자주 보는 오류는 SyntaxError 구문(문법) 오류, NameError 네임(변수명) 에러, TypeError 형식 에러, IndentationError 들여쓰기 에러, IndexError 인덱스(범위) 에러, ZeroDivisionError 제로 에러(0으로 나누는 경우), FileNotFoundError 파일 에러 등이다. 처음 파이썬을 배우는 사람은 에러가 나면 당황하거나 에러를 보지 않는 경우가 대부분인데 에러 속에서 문제를 찾아 해결해야 한다. 물론 에러를 그대로 복사해서 GPT에게 보여주면 설명과 함께 에러를 해결해 주니 GPT를 적극 활용해 보아도 좋다. 아래는 자주 볼 수 있는 에러들을 모아보았다.

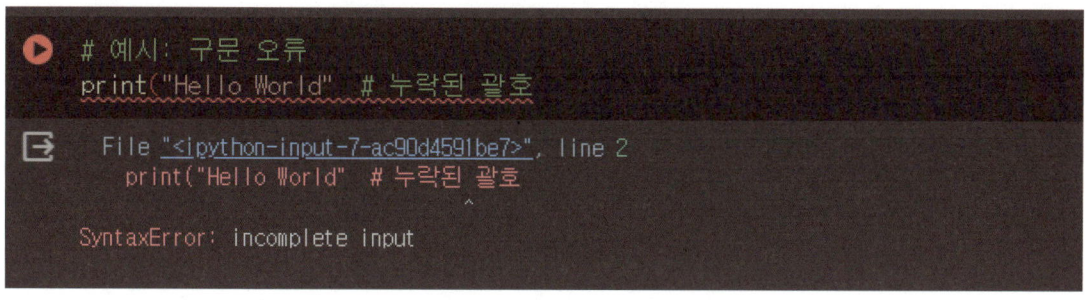

```
# 예시: 실행 오류
num1 = 10
num2 = 0
result = num1 / num2   # 0으로 나누는 오류
```

```
---------------------------------------------------------------------------
ZeroDivisionError                         Traceback (most recent call last)
<ipython-input-2-dec2b5ce6b3d> in <cell line: 4>()
      2 num1 = 10
      3 num2 = 0
----> 4 result = num1 / num2   # 0으로 나누는 오류

ZeroDivisionError: division by zero
```

```
#네임에러 변수명이 없을 때
print(Hello)

#정의되지 않은 변수를 사용하려고 시도함을 나타냅니다.
#변수를 정의하지 않고 사용하거나, 오타가 있을 때 발생합니다.
```

```
---------------------------------------------------------------------------
NameError                                 Traceback (most recent call last)
<ipython-input-4-e865d75ec101> in <cell line: 2>()
      1 #네임에러 변수명이 없을 때
----> 2 print(Hello)

NameError: name 'Hello' is not defined
```

```
# 예시: 타입에러
print("Hello" + 3)

#연산이 잘못된 데이터 유형 간에 수행되었음을 나타냅니다.
#주로 문자열과 숫자를 혼합하여 연산할 때 발생합니다.
```

```
---------------------------------------------------------------------------
TypeError                                 Traceback (most recent call last)
<ipython-input-10-0707b1f62b90> in <cell line: 2>()
      1 # 예시: 타입에러
----> 2 print("Hello" + 3)
      3
      4 #연산이 잘못된 데이터 유형 간에 수행되었음을 나타냅니다.
      5 #주로 문자열과 숫자를 혼합하여 연산할 때 발생합니다.

TypeError: can only concatenate str (not "int") to str
```

```
#문법에러 비교연산자 ==을 =으로 쓸 경우
a = 1
if a = 1:
    print(a)
```

```
  File "<ipython-input-12-b9a5078245f4>", line 3
    if a = 1:
         ^
SyntaxError: invalid syntax. Maybe you meant '==' or ':=' instead of '='?
```

```
#들여쓰기 에러
a = 2
if a == 2:
print(a)

#들여쓰기가 필요한 곳에 들여쓰기가 없음을 나타냅니다.
#주로 함수, 조건문, 반복문 등에서 들여쓰기를 제대로 하지 않았을 때 발생합니다.
```

```
  File "<ipython-input-15-2ae21bef4dcc>", line 4
    print(a)
    ^
IndentationError: expected an indented block after 'if' statement on line 3
```

```
#없는 파일을 열려고 할 때
with open('filename.txt','r') as file:
    print(file)

#파일이나 디렉토리를 찾을 수 없음을 나타냅니다.
#주로 파일을 열거나 읽을 때 파일 경로 또는 파일 이름이 잘못되었을 때 발생합니다.
```

```
---------------------------------------------------------------------------
FileNotFoundError                         Traceback (most recent call last)
<ipython-input-18-c68270d41ca4> in <cell line: 2>()
      1 #없는 파일을 열려고 할 때
----> 2 with open('filename.txt','r') as file:
      3     print(file)
      4
      5 #파일이나 디렉토리를 찾을 수 없음을 나타냅니다.

FileNotFoundError: [Errno 2] No such file or directory: 'filename.txt'
```

```
#반복문의 범위를 벗어났을 때
a = [1,2,3]
for i in range(5):
  print(a[i])

#리스트의 인덱스가 리스트의 길이를 벗어나는 경우
```

```
1
2
3
```

```
IndexError                                Traceback (most recent call last)
<ipython-input-19-770651ae8c37> in <cell line: 2>()
      1 a = [1,2,3]
      2 for i in range(5):
----> 3   print(a[i])

IndexError: list index out of range
```

```
# 예시: 인자 오류
def add_numbers(a, b):
    result = a * b  # 잘못된 연산
    return result

sum_result = add_numbers(5)
#매개변수 개수 2개가 필요한데 인자를 하나만 넣은 경우
```

```
TypeError                                 Traceback (most recent call last)
<ipython-input-21-deff9c07eba2> in <cell line: 6>()
      4     return result
      5
----> 6 sum_result = add_numbers(5)
      7 #매개변수 개수 2개가 필요한데 인자를 하나만 넣은 경우

TypeError: add_numbers() missing 1 required positional argument: 'b'
```

27
구글 시트에서 GPT 활용

구글 시트(Google Sheets)는 구글에서 제공하는 온라인 스프레드시트 서비스다. 엑셀 프로그램과 유사하지만, 온라인상에서 웹 브라우저를 통해 접근하고 편집할 수 있다. 구글 시트는 사용자들이 문서를 만들고, 저장하고, 공유하며 협업할 수 있는 강력한 기능을 제공하는데 확장 프로그램을 이용해 구글 시트에서 GPT를 활용할 수 있다. 기존 엑셀 데이터를 업로드해서 사용할 수도 있고 직접 만들어서 사용할 수도 있으며 구글 폼 설문지에서 받은 내용을 시트로 옮겨 사용할 수도 있다. 방대한 엑셀 데이터를 한 번에 쉽게 처리하기 위해 GPT를 활용해 보자.

먼저 구글에서 오른쪽 앱 메뉴를 눌러 Sheets를 열어준다.

스프레드시트로 이동해 빈 스프레드시트 +를 눌러준다.

상단 메뉴 확장 프로그램 - 부가기능 - 부가기능 설치하기로 이동한다.

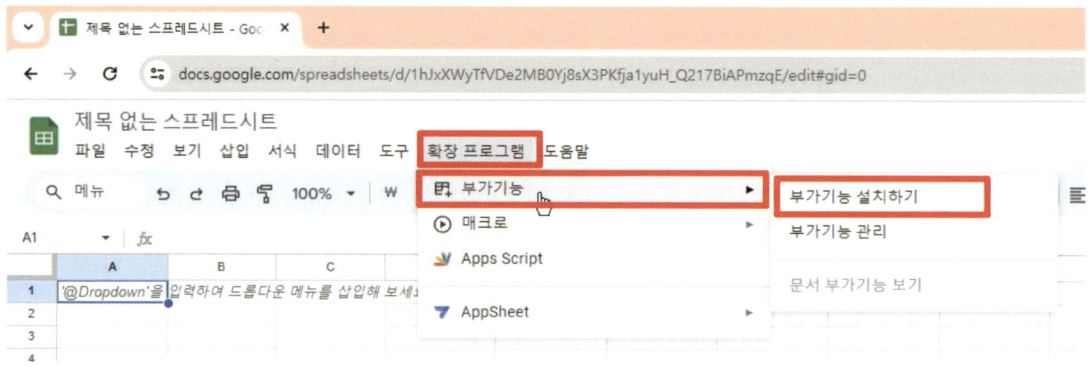

검색창에 GPT로 검색해서 GPT for Google Sheets and Docs를 클릭한다.

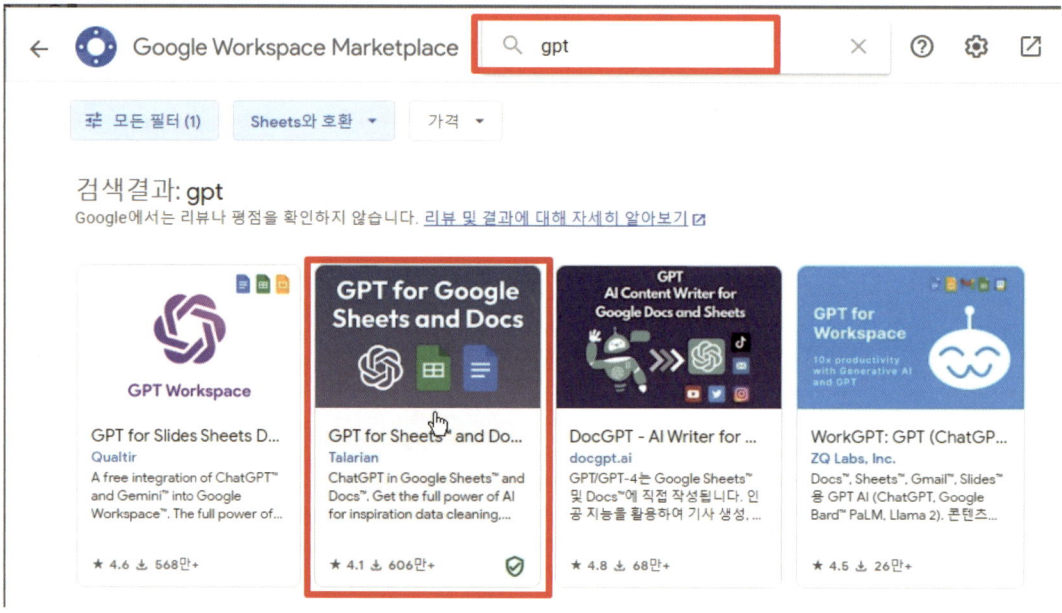

설치 버튼을 클릭하고 계속을 누른다.

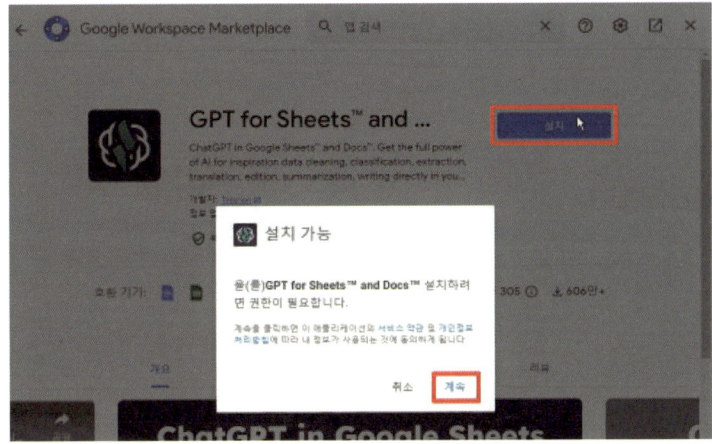

로그인한 후 계속, 허용, 완료를 눌러준다.

화면이 열리면 확장 프로그램을 눌러 설치가 잘 되었는지 확인한다. 이때 안 보이면 새로고침(F5)을 한번 해주고 난 후 확인한다.
GPT for Google Sheets and Docs – Open을 눌러준다.

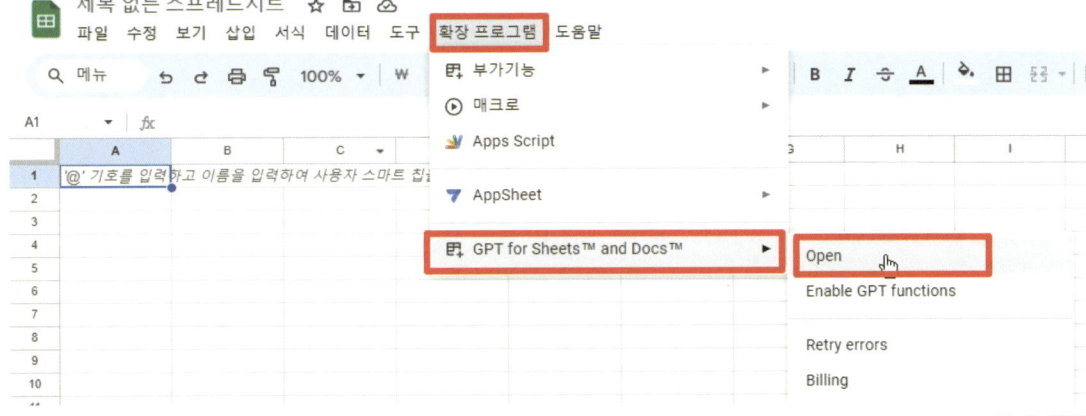

오른쪽에 토글창이 열리는데 Continue, Home을 눌러준 후 경고 메시지를 확인하고 I understand를 누른다. 경고 내용은 수식이 다시 로드될 때마다 비용이 부과된다는 내용으로 수식을 값으로 바꾸라는 것인데 실습해 보면서 확인해 보도록 하자. List GPT Fuction을 눌러 사용할 수 있는 함수들을 확인할 수 있다.

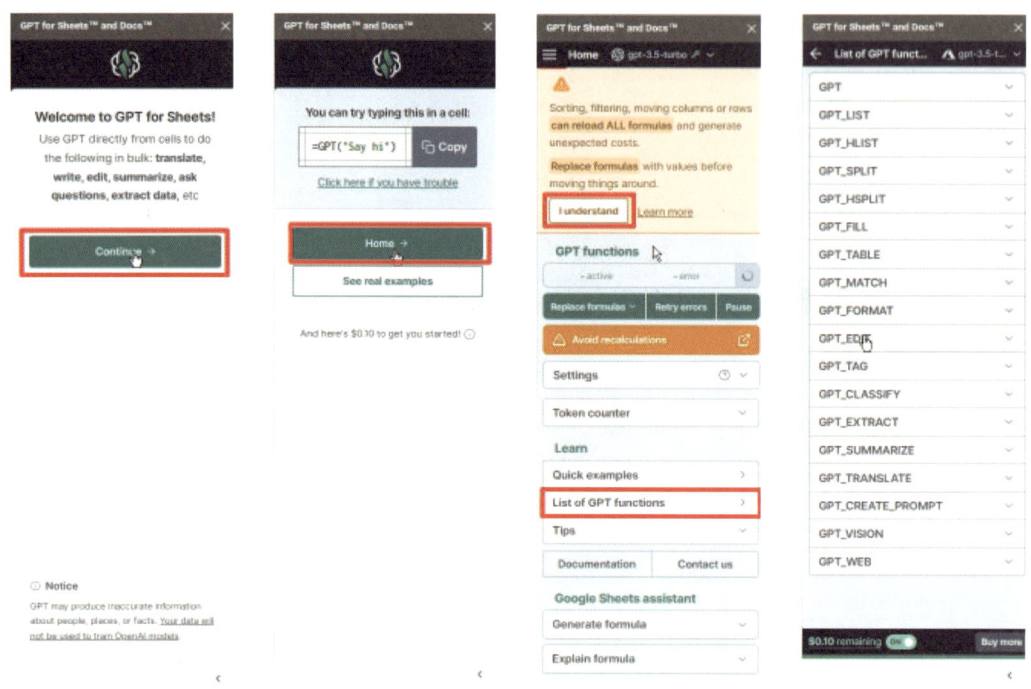

최근 과금 정책이 바뀌어 API 키를 등록하지 않고도 사용이 가능하나 처음에 가입하면 $0.10달러가 90일 동안 사용이 가능한 형태로 제공되며 다 차감되면 팩을 구매해서 사용할 수 있다.

API 키를 등록하면 OpenAI와 GPT for Sheets에 둘 다 과금될 수 있으나 금액차이가 있으니 자세한 내용은 과금 정책을 확인해야 한다. 과금의 부담감을 낮추기 위해 Settings에서 최대 토큰 수를 제한할 수 있다. 이때 토큰(Token)이란 일반적으로 텍스트의 작은 부분이나 단위를 나타낸다. 텍스트를 조각내어 토큰 간의 상관관계를 학습하고 주어진 문맥에서 다음 토큰을 예측하는 형태로 사용되기 때문에 생성 시 토큰의 수로 과금이 된다고 할 수 있다.

예를 들어 **"ChatGPT is a powerful language model."**
이 문장을 토큰으로 나누면 다음과 같을 수 있다.
["Chat", "G", "PT", " is", " a", " powerful", " language", " model", "."]
그러므로 긴 문맥을 다룰 때 더 많은 토큰을 사용할 수 있다.

1000토큰에 API키를 활용할 경우 $0.0008, API 키를 활용하지 않을 경우 $0.003정도며 연습용으로 사용하기에는 0.10달러도 충분하니 활용해 보도록 하자. 과금을 확인하려면 아래쪽에 $0.10 remaining을 눌러 확인한다.

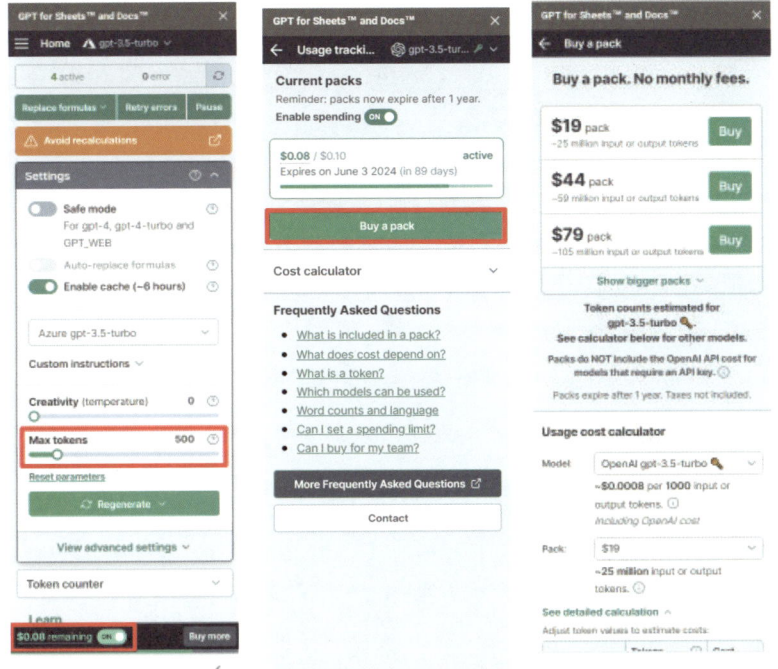

만약 API 키 등록을 하려면 API 키 등록을 위해 왼쪽 상단 메뉴를 눌러준다. API Keys를 누르고 아래 How to create an OpenAI API Key 를 눌러 도움말로 이동하고 OpenAI platform을 눌러 OpenAI 사이트로 이동한다.

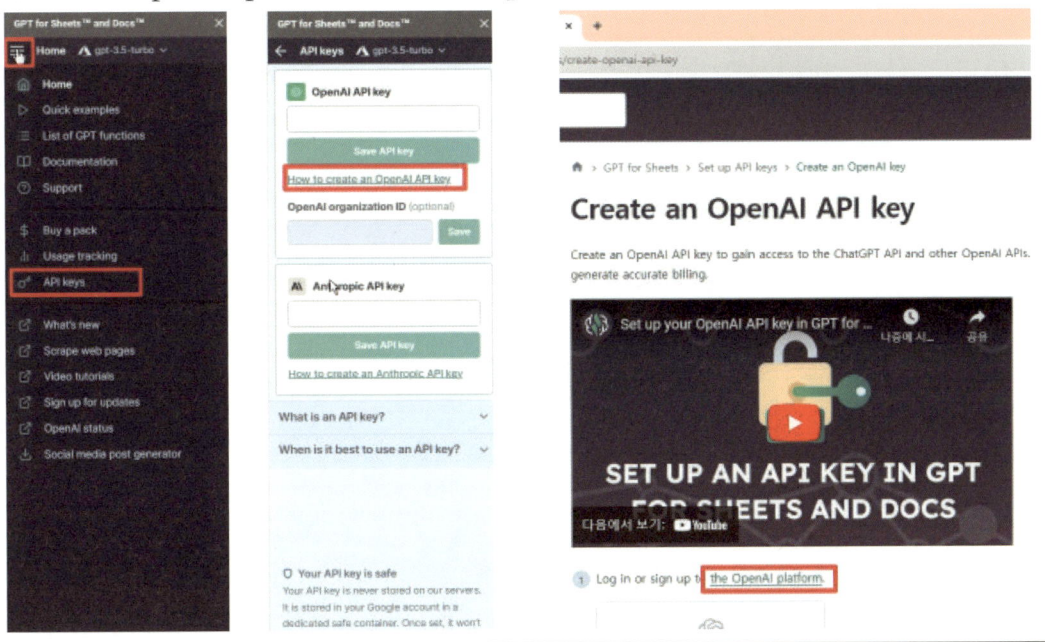

Create new secret key를 누르고 간단하게 이름을 넣은 후 Create를 눌러 생성한다.

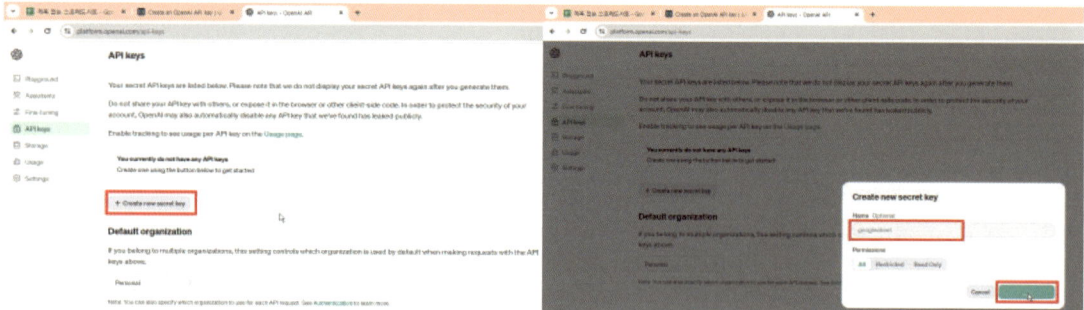

API 키는 한 번만 오픈되고 그다음부터는 API 키를 확인할 수 없으므로 Copy를 눌러 메모장이나 기억할 수 있는 곳에 보관하는 것이 좋다.
다시 시트로 돌아와서 API 키를 붙여넣기 해준 후 Save API Key를 눌러준다.

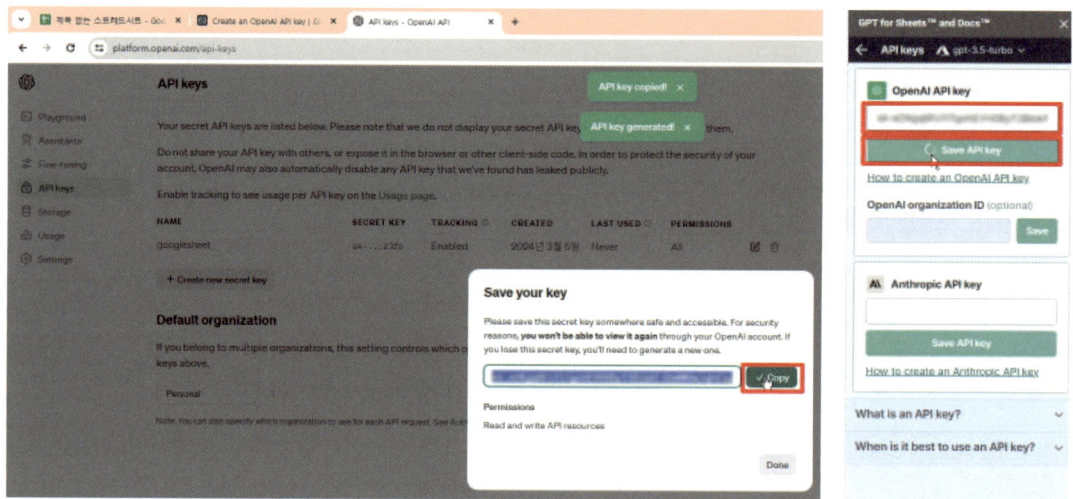

List GPT Fuction을 눌러 GPT를 펼쳐보면 샘플이 있고 Documentation와 Video로도 설명을 잘 해주기 때문에 필요한 부분은 보면서 익히는 것도 좋다.

먼저 간단하게 몇 가지 예제로 살펴보자.

프롬프트를 A1 셀에 작성한 후 A2 셀에서 **=GPT(A1)** 함수를 작성해 준다.

로드 후 바로 A2 셀에서 답변을 확인할 수 있다.

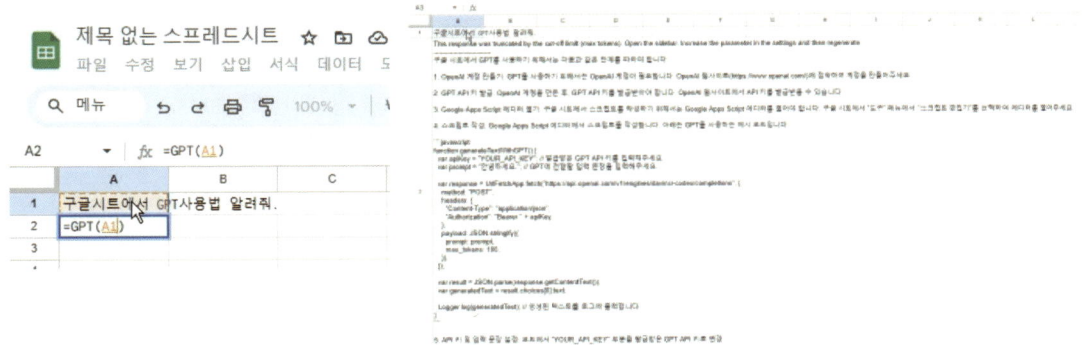

=GPT_LIST(프롬프트) 함수를 사용해 샘플 이름과 이메일 10개를 만들어 볼 수 있다.

만들어진 샘플 데이터를 가지고 **=GPT_TABLE(프롬프트, 입력데이터범위)** 함수를 사용해 표로 정리할 수 있다.

프롬프트 엔지니어링에서 보았듯이 작성 주제와 역할, 목표, 대답 방법 등을 한 번에 처리할 수도 있다. **=GPT(프롬프트 범위)** 함수를 사용해 아래와 같이 틀을 만들어 놓고 작성하는 것도 하나의 방법이다. max tokens 에러는 settings에서 최대 토큰 수를 500으로 제한해 두어서 나오는 것이니 setting 값을 바꿔서 사용하면 된다.

	A	B
1	프롬프트작성주제	양자물리학에 대하여 설명해줘
2	역할	초등학교 과학선생님
3	목표	블로그 작성
4	대답방법	편안하고 친근한 말투
5	결과형식	문단을 구분하여 초등학생도 알기 쉽게
6	중요키워드	"양자 컴퓨터", "물리학"
7	길이	1000자 이내
8		
9		This response was truncated by the cut-off limit (max tokens). Open the sidebar, Increase the parameter in the settings and then regenerate. ----- 양자물리학은 양자역학을 기반으로 하는 학문으로, 아주 작은 입자인 양자들이 어떻게 행동하는지 연구하는 분야야. 양자물리학은 전통적인 물리학과는 다르게, 양자역학의 원리에 따라 물질이나 빛이 어떻게 동작하는지를 연구해. 양자물리학의 중요한 개념 중 하나는 양자 컴퓨터야. 양자 컴퓨터는 전통적인 컴퓨터보다 훨씬 빠르고 강력한 성능을 가지고 있어. 양자 컴퓨터는 양자역학의 원리를 이용하여 정보를 처리하고 저장하는데, 이를 통해 많은 양의 데이터를 빠르게 처리할 수 있어. 양자물리학은 또한 양자 역학의 원리를 이용하여 새로운 재료나 기술을 개발하는 데도 활용돼. 예를 들어, 양자물리학은 양자점프라는 현상을 이용하여 초고속 통신 기술을 개발하는 데도 사용돼. 양자물리학은 아주 복잡하고 어려운 분야일 수 있지만, 양자물리학을 이해하면 우리 주변의 세계를 더 깊이 이해할 수 있어. 양자물리학은 미래의 기술 발전에도 큰 영향을 미칠 것으로 기대돼. 그

SPLIT은 분할이라는 뜻인데 섹션이나 단락, 문장, 고객 맞춤형으로 문장을 나눠줄 수 있다. HSPLIT은 세로 분할이라고 생각하면 된다.
=GPT_SPLIT(분할할 문장, 분할할 기준, temperature, model) 인데 temperature는 언어 생성 모델에서 생성된 텍스트의 다양성(degree of diversity)을 조절하는 하이퍼 파라미터다.

즉, temperature 값이 높을수록 모델이 생성하는 문장이 더 다양해지고, 값이 낮을수록 더 일관성 있는 문장이 생성된다. 값은 0~1까지의 값을 넣어주면 되고 temperature와 model은 생략해도 된다. 날짜 시간 데이터가 함께 모여 있을 경우를 예로 들어 날짜, 시간을 기준으로 나눠보았다.

B1	fx =gpt_hsplit(A1,"날짜, 시간")		
	A	B	C
1	2023. 7. 4 오후 4:44:43	2023. 7. 4	16:44:42
2	2023. 7. 5 오후 3:41:33	2023. 7. 5	15:41:33
3	2023. 7. 7 오전 11:04:12	2023. 7. 7	11:04:11
4	2023. 7. 7 오전 11:04:19	2023. 7. 7	11:04:19
5	2023. 7. 7 오전 11:04:22	2023. 7. 7	11:04:21
6	2023. 7. 7 오전 11:04:28	2023. 7. 7	11:04:27
7	2023. 7. 7 오전 11:04:43	2023. 7. 7	11:04:42
8	2023. 7. 7 오전 11:04:49	2023. 7. 7	11:04:49
9	2023. 7. 7 오전 11:05:11	2023. 7. 7	11:05:10
10	2023. 7. 7 오전 11:05:22	2023. 7. 7	11:05:22
11	2023. 7. 7 오전 11:05:30	2023. 7. 7	11:05:29
12	2023. 7. 7 오전 11:05:33	2023. 7. 7	11:05:33
13	2023. 7. 7 오전 11:05:37	2023. 7. 7	11:05:37
14	2023. 7. 7 오전 11:05:38	2023. 7. 7	11:05:38

Summarize는 요약 기능이며 **=GPT_SUMMARIZE(원문, 요약 방법)**을 넣어주면 된다.

Extracts는 원하는 값을 추출할 수 있는데 **=GPT_EXTRACT(원문, 추출할 내용)**을 넣어주면 된다. 예로 행복한 토끼 가족 스토리를 100자로 요약하고 키워드 추출을 해 보았다.

B4	fx =gpt_SUMMARIZE(B2,"한글 100자")	
	A	B
1		
2		제목: "행복한 토끼 가족" 옛날 옛적에 숲 속에 토끼 가족이 살았어요. 이 토끼 가족은 행복한 가족이었습니다. 가장 큰 토끼는 아버지 토끼로, 가장 작은 토끼는 딸 토끼로, 중간 토끼는 엄마 토끼였어요. 그들은 항상 함께 있고 서로를 사랑했어요. 한 번에 가장 큰 토끼 아버지가 숲에서 나무를 찾아왔어요. 그는 나무를 가져와 가장 작은 딸 토끼에게 장난감을 만들어 주었어요. 딸 토끼는 아버지의 선물을 받아 크게 기뻐하며 "감사해요, 아빠!"라고 말했어요. 엄마 토끼는 매일 맛있는 음식을 만들어 가족을 위해 식사를 준비했어요. 가족 모두 함께 식사를 하며 이야기를 나누며 행복한 시간을 보냈어요. 가장 작은 딸 토끼는 숲에서 예쁜 꽃을 주워와 가족을 위해 꽃다발을 만들어 주었어요. 엄마와 아빠는 딸의 아름다운 선물을 받아 행복한 미소를 띠었어요. 한 번은 가족이 함께 피크닉을 가기로 결정했어요. 숲으로 떠나 즐거운 시간을 보냈고, 모두 함께 노래를 부르며 춤을 추었어요. 이 토끼 가족은 사랑과 이해로 가득 차 있었고, 서로를 지지해주며 어려움을 함께 극복했어요. 그래서 그들은 평화롭고 행복한 생활을 즐겼답니다. 토끼 가족은 언제나 서로를 사랑하고 존중하는 가족이었고, 그 사랑이 영원히 이어지기를 바랐답니다. 이야기 끝! 행복한 토끼 가족의 이야기를 즐기기를 바랍니다.
3		
4	요약하기	한 토끼 가족은 사랑과 이해로 가득 차 있었고, 함께 행복한 시간을 보냈습니다. 아버지는 딸에게 장난감을 만들어 주었고, 엄마는 맛있는 음식을 준비했어요. 딸은 꽃다발을 만들어 가족을 기쁘게 했고, 가족은 함께 피크닉을 즐겼어요. 이 토끼 가족은 서로를 사랑하고 존중하는 가족이었고, 평화롭고 행복한 삶을 즐겼습니다. 이야기 끝! 행복한 토끼 가족의 이야기를 즐기세요.

B5	fx =gpt_extract(B2,A5)	
	A	B
5	키워드추출	- 토끼 가족 - 행복한 생활 - 사랑과 이해 - 평화롭고 행복한 생활 - 서로를 사랑하고 존중하는 가족

전화번호 형식이 다 다르게 입력된 경우 샘플을 주고 Fill 함수를 사용해서 처리할 수 있다. 전화번호 원본 데이터에서 위에 3개 정도만 형식을 잡아주고 **=GPT_FILL(원본 데이터+수정 데이터, 채울 범위)**를 입력하면 된다.

	A	B
1	전화번호 원본	
2	82-10-2341-2345	010-2341-2345
3	01025441063	010-2544-1063
4	010-6984-3856	010-6984-3856
5	+82-10-5979-4844	=gpt_fill(A2:B4,A5:A13)
6	010.2222.5666	010-2222-5666
7	01022335555	010-2233-5555
8	+821024455444	010-2445-5444
9	😎01024563334	010-2456-3334
10	010--6222--4556	010-6222-4556
11	010.4343.2223	010-4343-2223
12	01023940606	010-2394-0606
13	010,2334,5544	010-2334-5544
14		

이렇게 나온 데이터는 복사해서 GPT가 다시 로드 되지 않도록 따로 저장해두는 습관을 만드는 것이 좋은 방법이다. 또, GPT for Google Sheets and Docs에서 제공하는 다양한 함수가 있고 각 함수마다 사용법이 자세히 나와있으므로 여러 방면으로 활용해 보는 것이 좋겠다.

28
chatGPT Plus 활용

chatGPT Plus 버전은 유료 버전으로 현재 월 $22의 비용을 내고 월 구독 서비스로 가입해야 한다. 가격과 제공 기능은 변경될 수 있으므로 최신 정보는 OpenAI 공식 웹사이트에서 확인해야 한다.

무료 버전에서는 GPT-3.5버전을 사용하지만 Plus에서는 GPT-4 버전을 사용할 수 있으며 멀티 모달 서비스를 이용할 수 있다. 파일을 업로드해서 데이터 분석을 시키거나 차트를 그릴수도 있다. 이미지를 업로드해서 콘텐츠로 제작할 수 있고 기존 이미지를 화풍을 바꿔 그려줄 수 있다. 또 실시간 데이터에 접근이 가능하며 최근 뉴스에 기반하여 대답해 준다. 학습도 2023년 4월까지 했다.

먼저 Plus 구독을 위해 chatGPT에 접속한 후 채팅 화면의 왼쪽 하단에 있는 Upgrade to Plus 메뉴를 선택한다.

요금 결제 화면에서 카드정보를 입력하고 아래쪽에 있는 구독하기 버튼을 클릭한다.

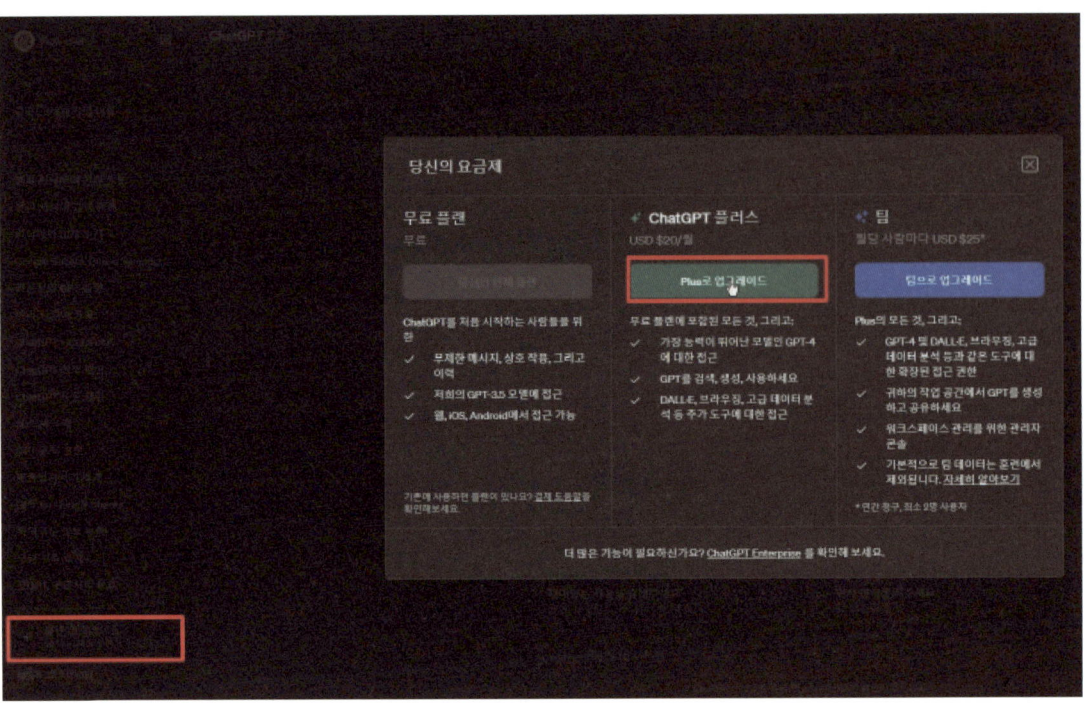

ChatGPT Plus Subscription 구독하기

US$22.00 매월

ChatGPT Plus Subscription 월간 청구	US$20.00
소계	US$20.00
부가가치세 (10%) ⓘ	US$2.00
당일 지불 총액	US$22.00

연락처 정보

이메일

결제 방식

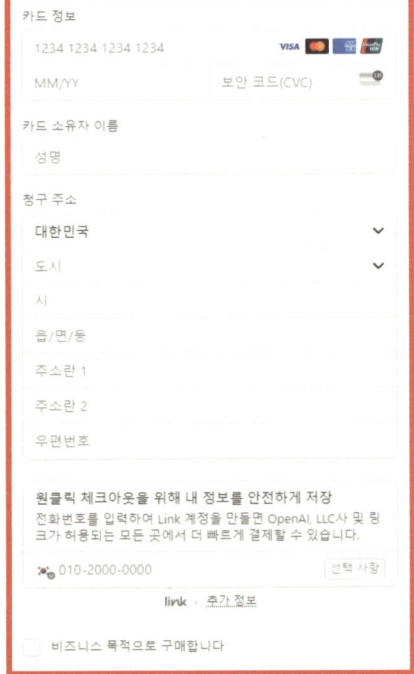

GPT-4버전을 사용하려면 상단에 chatGPT 3.5를 눌러 GPT-4를 선택하면 되는데 3시간에 40개의 메시지 제한이 있다.

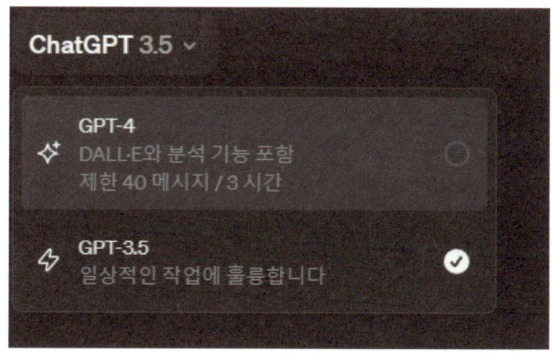

GPT 탐색하기로 들어가면 다양한 플러그인들을 확인할 수 있다. 나만의 GPT를 노코드로 생성할 수도 있고 이미지 생성 도구인 DALL-E, 글쓰기, 생산성 도구, 연구 및 분석 도구, 프로그래밍 도구, 교육, 라이프스타일 등 다양한 플러그인을 활용해 볼 수 있다.

유료 서비스는 매달 등록된 카드로 청구된다. 플랜을 취소하려면 내 구독 관리로 들어가서 플랜 취소를 누르면 되는데 중간에 취소를 하더라도 한 달 결제일까지는 사용할 수 있다.

활용하기에 앞서 GPT-4에게 플러그인들에 대한 소개를 부탁해 보았다.

>>> 챗GPT와 함께 사용할 수 있는 다양한 플러그인에 대해 설명해 줘.

 데이터 분석 플러그인: 사용자가 제공한 데이터를 분석하고, 통계적인 요약, 데이터 시각화, 예측 모델링 등을 제공할 수 있습니다. 이러한 플러그인은 연구자, 데이터 과학자, 비즈니스 분석가 등에게 유용할 수 있습니다.

금융 및 투자 플러그인: 주식 시장 데이터, 투자 분석, 개인 재무 관리 조언 등을 제공하여 사용자가 재무 목표를 달성하도록 도와주는 플러그인입니다. 이러한 플러그인은 투자자와 개인 재무 관리에 관심이 있는 사람들에게 유용할 수 있습니다.

건강 및 웰니스 플러그인: 운동 가이드, 영양 정보, 명상 및 스트레스 관리 기법 등을 제공하여 사용자의 신체적, 정신적 건강을 지원하는 플러그인입니다. 이는 건강한 생활 습관을 유지하고자 하는 사람들에게 도움이 될 수 있습니다.

여행 계획 플러그인: 목적지 정보, 여행 경로 추천, 숙박 및 교통편 예약 정보 등을 제공하여 여행 계획을 돕는 플러그인입니다. 이는 여행을 계획하는 사용자에게 유용한 정보와 리소스를 제공할 수 있습니다.

창의적 글쓰기 및 예술 작업 플러그인: 스토리 아이디어 생성, 시나리오 작성 가이드, 예술 작품 창작을 위한 영감 제공 등을 도와주는 플러그인입니다. 작가, 예술가, 디자이너 등 창작 활동에 종사하는 사람들에게 유용할 수 있습니다.

개인 생산성 플러그인: 할 일 목록 관리, 시간 추적, 목표 설정 등을 도와주어 일상적인 업무 및 개인 프로젝트의 생산성을 높이는 데 도움을 주는 플러그인입니다.

교육용 콘텐츠 플러그인: 특정 학문 분야나 주제에 초점을 맞춘 플러그인으로, 해당 분야의 개념을 설명하고 관련 예제나 연습문제를 제공할 수 있습니다. 예를 들어, 수학, 과학, 언어 학습 등에 특화된 플러그인이 있을 수 있습니다.

코딩 및 프로그래밍 플러그인: 코딩 문제를 해결하거나 특정 프로그래밍 언어를 배우는 데 도움을 줄 수 있는 플러그인입니다. 이러한 플러그인은 코드 예제를 제공하고, 프로그래밍 개념을 설명하며, 실시간으로 코드를 실행하고 결과를 보여줄 수도 있습니다.

언어 학습 플러그인: 새로운 언어를 배우는 데 도움을 줄 수 있는 플러그인으로, 단어장, 문법 설명, 발음 가이드, 실습 문제 등을 제공할 수 있습니다. 이는 언어 학습자가 다양한 수준에서 언어 능력을 개발하도록 지원합니다.

정보 검색 플러그인: 학술 논문, 책, 기사 등 다양한 소스에서 정보를 검색하고 요약하여 제공하는 플러그인입니다. 이를 통해 사용자는 연구나 학습 자료를 쉽게 찾고 이해할 수 있습니다.

시각적 학습 도구 플러그인: 복잡한 개념이나 데이터를 시각적으로 표현하여 학습하는 데 도움을 주는 플러그인입니다. 예를 들어, 지도, 그래프, 인포그래픽 등을 통해 정보를 제공할 수 있습니다.

과제 관리 및 계획 플러그인: 공부 계획을 세우고, 목표를 설정하며, 과제를 관리하는 데 도움을 줄 수 있는 플러그인입니다. 이는 학습자가 시간을 효율적으로 관리하고 학습 목표를 달성하는 데 도움을 줄 수 있습니다.

이러한 플러그인들은 사용자의 다양한 요구와 목표에 맞춰서 선택하여 사용할 수 있으며, 특정 작업이나 목표 달성에 효과적인 지원을 제공할 수 있습니다. 사용자의 필요와 관심사에 따라 적절한 플러그인을 탐색하고 활용하는 것이 좋습니다.

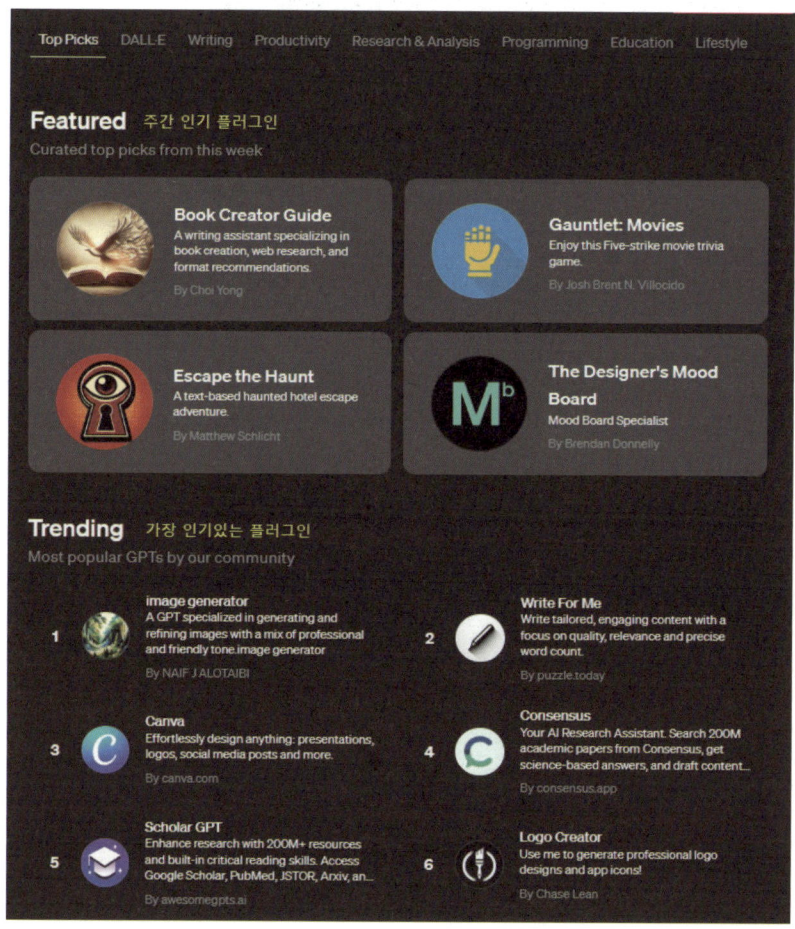

By ChatGPT chatGPT팀에서 만든 플러그인
GPTs created by the ChatGPT team

1. **DALL·E** — Let me turn your imagination into imagery. By ChatGPT
2. **Data Analyst** — Drop in any files and I can help analyze and visualize your data. By ChatGPT
3. **Hot Mods** — Let's modify your image into something really wild. Upload an image and let's go! By ChatGPT
4. **Creative Writing Coach** — I'm eager to read your work and give you feedback to improve your skills. By ChatGPT
5. **Coloring Book Hero** — Take any idea and turn it into whimsical coloring book pages. By ChatGPT
6. **Planty** — I'm Planty, your fun and friendly plant care assistant! Ask me how to best take care of your plants. By ChatGPT

더 많이 불러오기

DALL·E 이미지생성 플러그인
Transform your ideas into amazing images

1. **image generator** — A GPT specialized in generating and refining images with a mix of professional and friendly tone.image generator. By NAIF J ALOTAIBI
2. **Logo Creator** — Use me to generate professional logo designs and app icons! By Chase Lean
3. **Cartoonize Yourself** — Turns photos into their cartoon versions. Upload your photo to try. By karenxcheng.com
4. **LOGO** — Senior brand LOGO design expert, 20 years of brand LOGO design experience, designer material feeding training. By logogpts.cn
5. **The Designer's Mood Board** — Mood Board Specialist. By Brendan Donnelly
6. **Photo Multiverse** — Upload your photo to create an AI persona, then change background, convert to cartoon, or edit character styles. Try with... By sablevista.com

더 많이 불러오기

Writing 글쓰기 플러그인
Enhance your writing with tools for creation, editing, and style refinement

1. 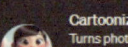 **Write For Me** — Write tailored, engaging content with a focus on quality, relevance and precise word count. By puzzle.today
2. **Humanizer Pro** — #1 Humanizer in the market. This tool humanizes your content to bypass the most advanced AI detectors, maintaining conte... By CharlyAI
3. **AI Humanizer Pro** — Best AI humanizer to help you get 100% human score. Humanize your AI-generated content to bypass AI detection. Use our... By bypassgpt.ai
4. **Fully SEO Optimized Article including FAQ's** — Create a 100% Unique and SEO Optimized Article | Plagiarism Free Content with | Title | Meta Description | Headings with Proper... By Tayyab
5. **Human Writer-Humanizer-Paraphraser (Human GPT)** — I self-score my output helping you effectively avoid AI content detectors. I'm equipped with Web Tools and Support File... By CustomGPTFactory
6. **Copywriter GPT** — Your innovative partner for viral ad copywriting! Dive into viral marketing strategies fine-tuned to your needs! By adrianlab.com

더 많이 불러오기

플러그인을 살펴보면 각 카테고리별로 확인할 수 있다.

플러그인은 계속해서 개발되고 업그레이드되고 있는데 현재 인기 있는 플러그인 중 image generator를 선택하고 그림을 그려달라고 해보자.

간단한 프롬프트를 작성했지만 image generator가 직접 프롬프트를 좀 더 자세히 설명해 주는 결과를 볼 수 있다. 또한 이미지 생성은 아직은 한글보다는 영어로 프롬프트를 작성하는 것이 더 효과적이라고 할 수 있다.

Logo Creator도 활용해 보았다. 문학회 관련 로고를 제작하라고 하자 몇 가지 질문을 하면서 대답을 유도하고 결과로 로고를 여러 개 생성해 주는 것을 볼 수 있다.

당신
chatGPT로 코딩하기 교재에 쓸만한 표지 이미지 만들어줘.

image generator

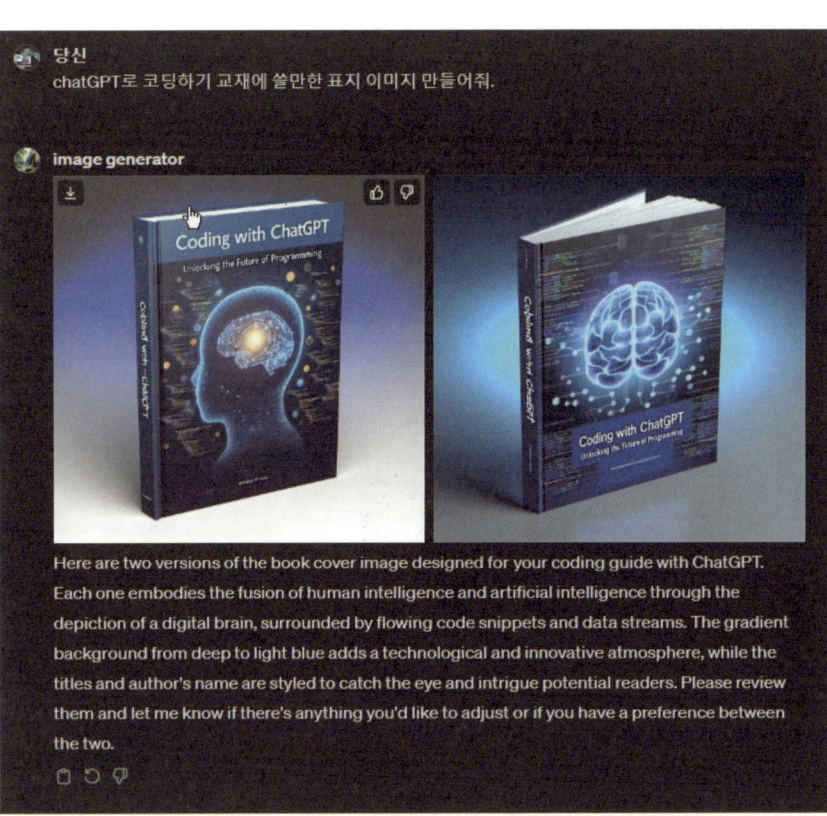

Here are two versions of the book cover image designed for your coding guide with ChatGPT. Each one embodies the fusion of human intelligence and artificial intelligence through the depiction of a digital brain, surrounded by flowing code snippets and data streams. The gradient background from deep to light blue adds a technological and innovative atmosphere, while the titles and author's name are styled to catch the eye and intrigue potential readers. Please review them and let me know if there's anything you'd like to adjust or if you have a preference between the two.

당신
인공지능과 컴퓨터 생성형 AI가 들어간 이미지 생성해줘.

image generator

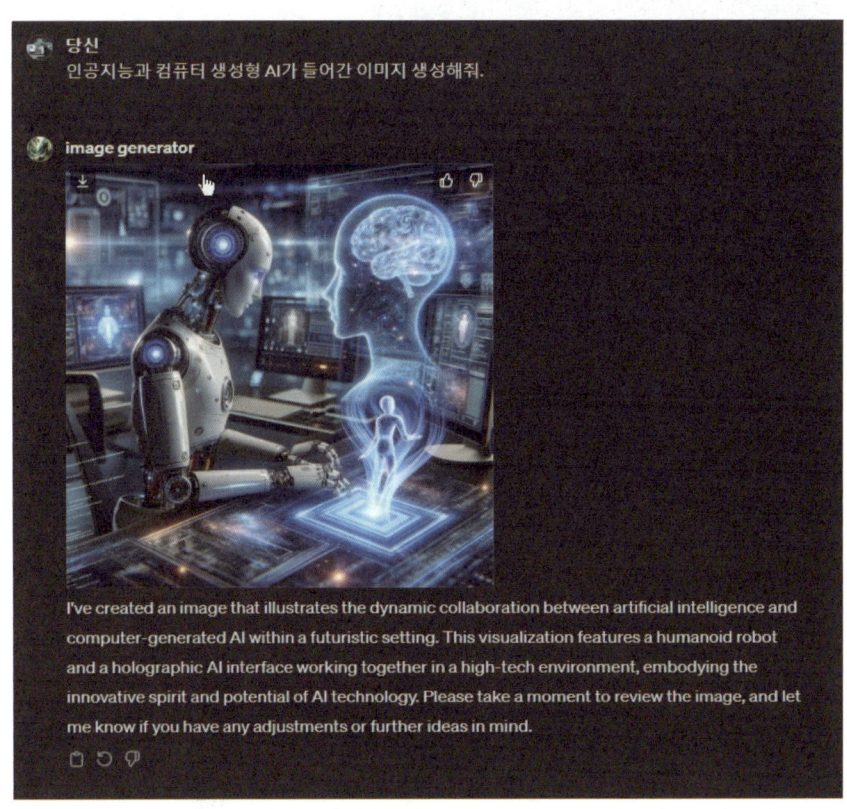

I've created an image that illustrates the dynamic collaboration between artificial intelligence and computer-generated AI within a futuristic setting. This visualization features a humanoid robot and a holographic AI interface working together in a high-tech environment, embodying the innovative spirit and potential of AI technology. Please take a moment to review the image, and let me know if you have any adjustments or further ideas in mind.

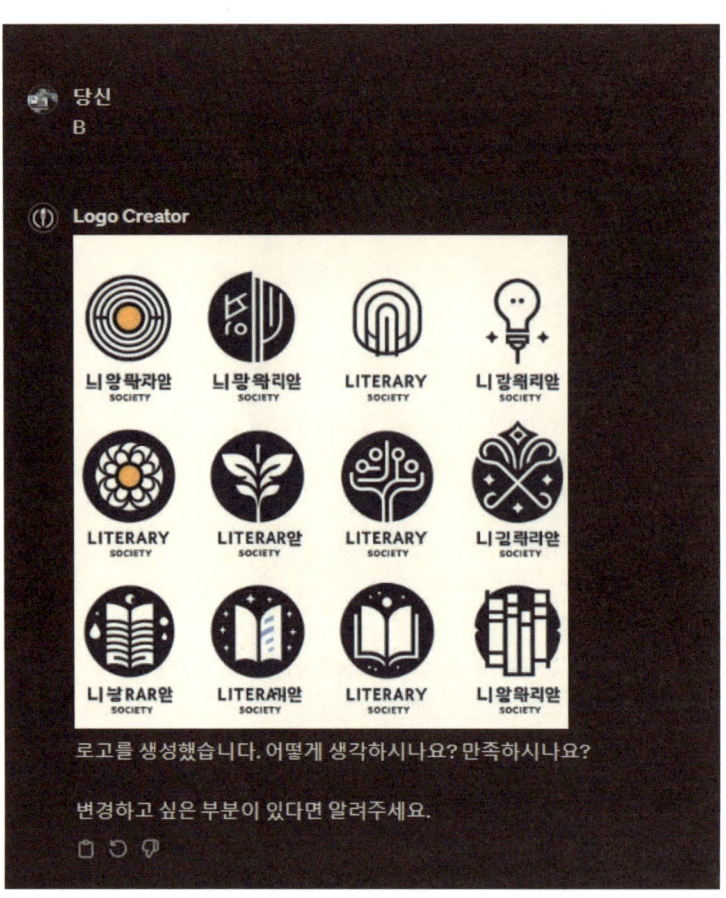

Diagrams를 사용하면 원하는 차트로 나타내거나 순서도를 제작해 볼 수 있다.

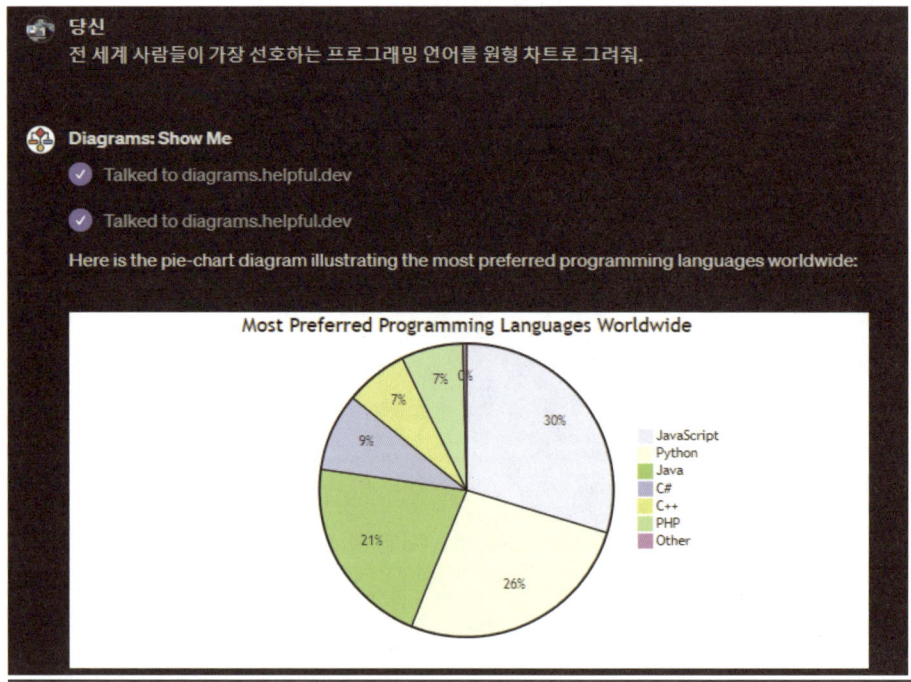

Topic에서만 100개가 넘는 플러그인이 존재하고 실제로는 900개가 넘는 플러그인들이 있다. 또한 계속 새로운 플러그인들이 개발되고 있다. 이 모든 것을 활용해 볼 수는 없고 내가 필요한 부분의 다양한 플러그인을 활용해 보면서 장단점을 비교하고 써 보는 것이 좋다. 검색을 통해서 원하는 플러그인을 찾을 수 있는데 PPT를 제작하는 플러그인을 검색해서 활용해 보는 것도 좋다.

가끔 chatGPT Plus를 쓰다 보면 먹통이 되는 경우가 있는데 그럴 경우 채팅 GPT 화면의 왼쪽 하단에 있는 계정 - 설정을 누른 후 언어를 영어로 변경하고 로그아웃 후 다시 로그인을 하면 정상적으로 작동하기도 한다.

chatGPT Plus는 유료 서비스임에도 불구하고 이런 오류를 자주 내기도 해서 사용자들의 불만은 많지만 현재로서는 별다른 환불 조치나 보상이 이루어지지 않는다. 필자가 경험한 바로는 플러그인 사용 시에는 한국어로 질문했을 때에는 정확한 답변을 얻기 어렵다. 이런 불편함이 있는데도 사용을 할 수밖에 없는 이유는 아직 다른 대안 서비스가 많지 않기 때문이고 또, 지속적으로 개선하고 있는 중이기 때문이라고 할 수 있다. 만약 사용 중 문제가 발생하면 공식 지원채널을 통하거나 커뮤니티를 활용하는 것이 좋다.

한국에서 가장 활성화되어 있는 GPT 커뮤니티는 지피터스이며 세부 주제별로 오픈 채팅방이 마련되어 있어 관련 오픈 채팅방에서 다양한 정보를 공유 받는 것을 추천한다.

전체 대화방
이미지/영상
스타트업/창업/투자
마케팅/커머스
글쓰기/연구/교육
생산성/개발
세부 주제방

으로 구성되어 있으며 지피터스 홈페이지(https://www.gpters.org/)에 접속한 다음 공지사항을 누르면 각 오픈 채팅방을 볼 수 있다.

29
인공지능 윤리

이제는 정말 인공지능만 잘 활용해도 무엇이든 생각하는 것들을 실현할 수 있는 시대가 되었다. 인공지능 기술이 사회에 긍정적인 영향을 미칠 수 있도록 해야 하는데 문제는 딥페이크 기술(인공지능 기술을 사용해 사람의 얼굴이나 목소리를 합성하는 기술)로 허위 정보 및 가짜 뉴스를 만들어 내는 사람들이 있다는 것이다. 이런 기술을 청소년들도 무방비하게 사용하면서 친구 부모님 사진으로 딥페이크 영상을 만들어 학폭에 연루된 사건도 있으며 그 전에 이루다 사건도 있었다.

이루다는 국내 회사인 스캐터랩에서 만든 페이스북 메신저 채팅 기반 열린 주제 대화형 인공지능 (Open-domain Conversational AI) 챗봇 인데 대학에 갓 입학한 20대 여성을 캐릭터로 하여 페북 메신저를 통해 사람들과 친근한 대화를 나누는 것을 목적으로 설계되었다가 출시 이후 얼마 지나지 않아 혐오/차별 발언 논란에 휩싸여 정식 오픈 한 달도 되지 않아 서비스가 중단되었다.

예를 들자면 지하철 임산부석에 대해서는 '혐오스럽다.', 흑인에 대해서는 '징그럽게 생겼다.' 성소수자에 대해서는 '혐오스럽다'라고 답하는 등 혐오 발언이 문제가 된 탓이었다.

이루다는 다른 챗봇보다 자연스럽고 친근한 말투로 사람 같다는 평가를 받았지만 문제는 오히려 이렇게 "사람 같은" 데이터 탓과 개인정보 논란 등 많은 논란을 낳고 폐지되었다.

인공지능을 학습시킬 때 사람들이 만들어 놓은 빅데이터를 활용하는데 이 학습과정에서 사용되는 데이터와 개발자가 설정하는 규칙이 매우 중요하다. 개발자가 편향적인 사고를 한다면 큰 문제가 될 수 있다.

또한 사용자도 마찬가지로 인공지능을 상대로 비윤리적인 대화를 시도하거나 탈옥 같은 비정상적 행동들을 시도하지 말아야 한다. 인공지능은 사용자와의 상호작용을 통해 학습하고 성장할 수 있는데 사용자가 적절하지 않은 정보나 행동을 전달하면 인공지능이 오용할 수 있는 정보로 전달될 수 있다.

빠른 기술발전 속도에 비해 윤리적인 표준화는 더디게 만들어지고 있다. 인공지능을 다루는 사람들이라면 누구나 사람을 위하는 마음이 우선되어야 할 것이다. 다시 인문학이 중심에 서야 할 것이라는 생각이 든다.

딥러닝의 창시자이자 인공지능의 역사를 새로 쓴 제프리 힌튼 교수도 10년 내 자율적으로 인간을 죽이는 로봇 병기가 등장할 것이라고 예측하기도 하는 등 인공지능 시스템이 인간의 존엄성을 위협할 수 있다는 우려도 있다. 인간의 일자리를 대체할 수 있다는 우려 속에 미국 할리우드에서는 배우와 작가들이 동시 파업을 하기도 했다.

개인정보보호도 매우 중요하다. 데이터 수집이나 저장 처리 공유 시에 사용자의 개인정보를 보호해야 한다. 인공지능이 내리는 결정에 대한 책임 또한 누구에게 있을지 명확해야 할 것이다.

이러한 시대에 사람들에게 요구되는 사항들은 질문을 만드는 능력, 비판적 읽기 능력, 출처 확인 및 수정 능력, 윤리의식, 적극적인 태도와 호기심이다. 인공지능을 활용할 때 윤리적 고려 사항이 더욱 부각되어야 할 것이다. 머신러닝 알고리즘의 훈련 데이터나 모델의 구조에서 편향이나 차별성이 발생하지 않도록 공정하고 투명해야 할 것이다.

이 책을 보는 모든 사람들도 사람에게 좋은 프로젝트를 만들기 위해 노력해 주었으면 좋겠다.

30
기타 도움 될만한 정보

인공지능 서비스들이 빠르게 오픈되고 있다 보니 괜찮은 서비스들을 소개하고 모아놓은 사이트들도 등장하고 있다. AIMOA(https://www.aimoa.kr/)는 추천 서비스 별 카테고리별 유/무료, 국내/해외를 구분으로 추천 AI 서비스를 모아놓은 사이트라 즐겨찾기 해두고 참고해도 좋다.

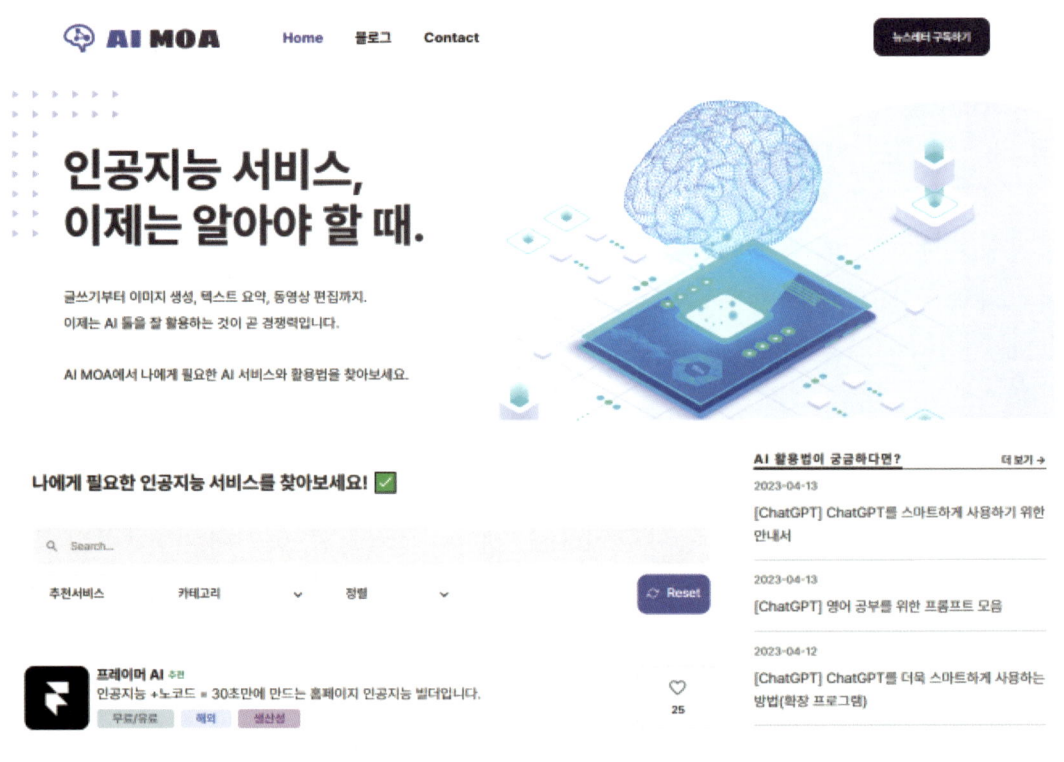

1. 이미지 생성 AI

이미지 생성 AI는 chatGPT나 Copilot에서 멀티 모달 서비스로 활용할 수 있고 각 이미지 생성 사이트에서 활용할 수 있는데 대표적으로 미드저니(https://www.midjourney.com/), 구글 딥드림(https://deepdreamgenerator.com/) 스테이블 디퓨전(https://stablediffusionweb.com/ko), 달리3(chatGPT에서 활용)가 있다. 미드저니는 전체 유료로 사용할 수 있으며 미드저니 관련 프롬프트는 조금만 서치를 해보면 많이 찾아볼 수 있다.

2. 딥페이크 생성 AI

딥페이크란 딥러닝(Deep Learning)과 가짜(Fake)의 합성어로 사람의 얼굴 혹은 신체를 대상으로 한 영상물을 말한다. 처음 만들어진 목적은 개인 사생활 침해 방지와 엔터테인먼트, 교육 또는 활동을 위해 의도되었지만 사용자에 의해 나쁘게 활용되면서 위험한 기술이 되고 있다.

간단하게 활용해 볼 수 있는 사이트는 D-ID(https://www.d-id.com/), My Heritage(https://www.myheritage.com), 앱은 Avatarify(https://avatarify.ai/), WOMBO(https://www.wombo.ai) 설치형으로는 Open Avatarify, DeepFaceLab이 있다.

3. 영상 생성 AI

영상 생성 AI로 가장 많이 사용하는 프로그램은 브루(https://vrew.voyagerx.com/ko/)다. 문서 편집처럼 쉬운 영상편집 프로그램으로 키워드만 입력하면 AI가 자동으로 영상을 만들어 준다. 음성 인식 자동 자막, 빠른 컷 편집, 200종 이상의 AI 목소리, 다양한 무료 소스까지 한 곳에서 Vrew가 도와준다. 유튜브부터 숏폼 영상, 기업 홍보, 교육, 안내용 영상까지 쉽고 간편하게 만들 수 있다. 다운로드를 하고 컴퓨터에 설치해서 사용하면 되는데 튜토리얼을 따라 해보면 누구나 쉽게 사용할 수 있다.

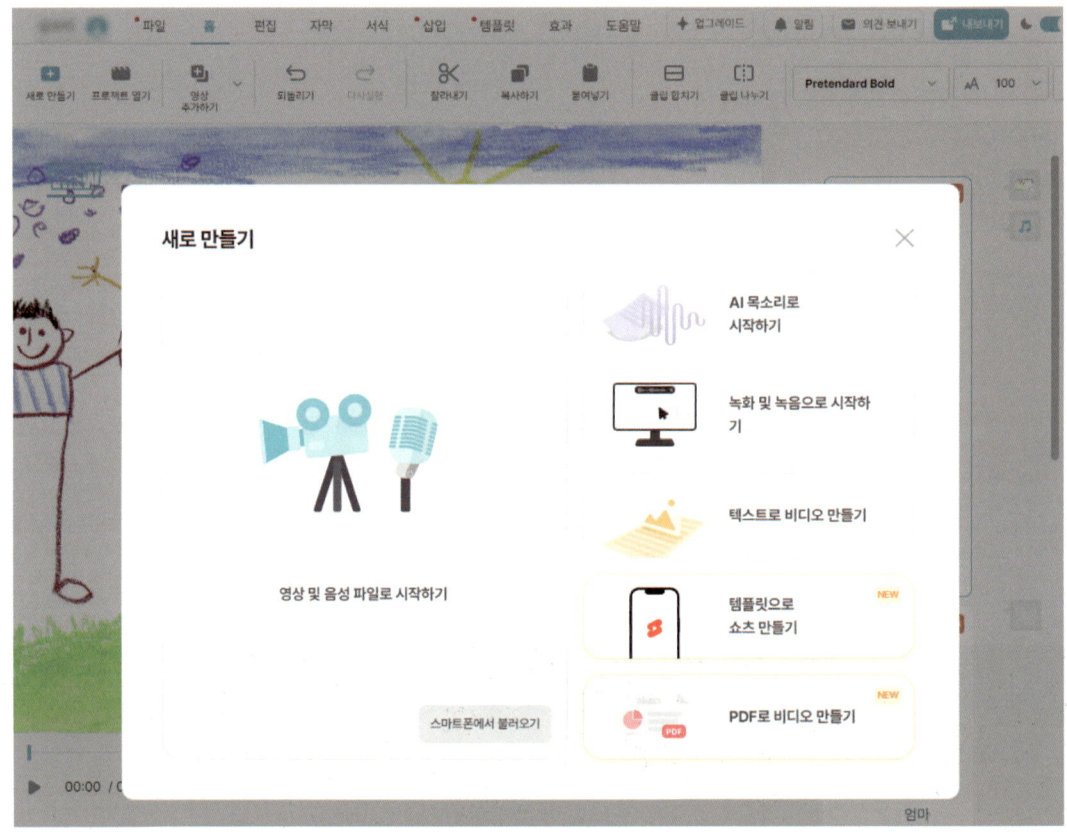

4. 애니메이션 생성 AI

애니메이션에서도 많은 서비스가 있는데 웹툰을 만들어주는 투닝(https://tooning.io/), 움직이는 캐릭터를 만들어주는 애니메이티드 드로잉(https://sketch.metademolab.com/), 웹툰 채색을 도와주는 웹툰 AI 페인터(https://

ai.webtoons.com/) 등이 있다.

특히 투닝은 기본 캐릭터에 동작을 쉽게 꾸밀 수 있고 인공지능으로 텍스트를 읽어서 바로 그에 맞는 동작을 생성하는 것이 가능해서 누구나 쉽게 웹툰을 만들어 낼 수 있다.

애니메이티드 드로잉은 내가 그린 캐릭터를 움직이게 만들어 동영상으로 저장할 수 있는 툴로 로그인 없이 간단하게 체험해 볼 수 있다.

웹툰 AI 페인터도 가입 후 로그인하고 채색하기로 들어가면 샘플 스케치로도 채색을 경험해 볼 수 있다.

5. 음악 생성 AI

음악 생성 AI로는 무료로 작곡을 해볼 수 있고 쉽게 편집도 가능한 Soundraw(https://soundraw.io/), AIVA(https://www.aiva.ai/)가 있다. 단, 수익화를 하려면 AIVA에서 유료 플랜을 선택해야 한다.

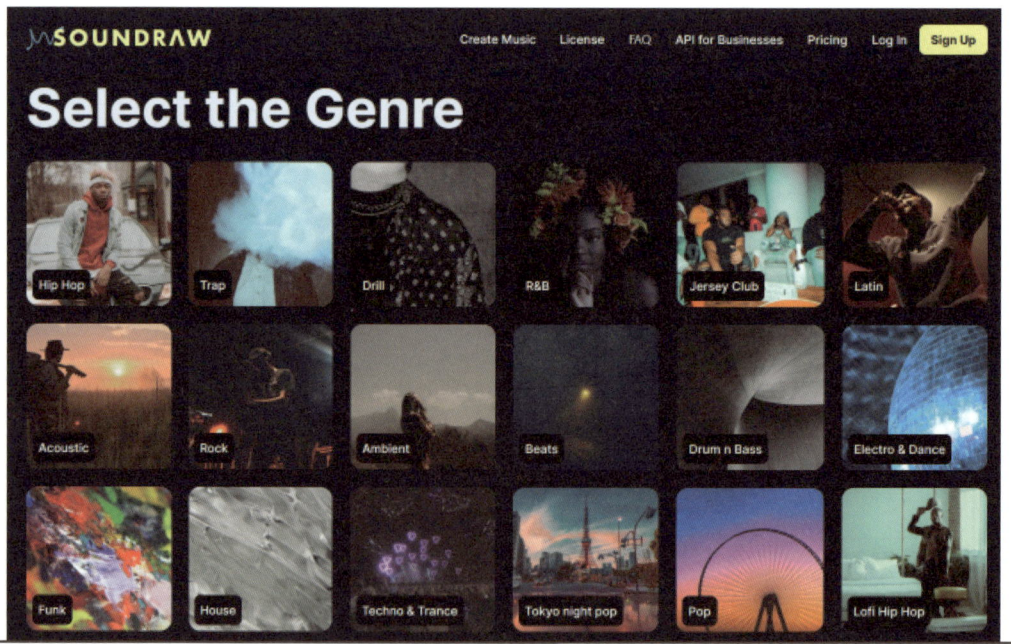

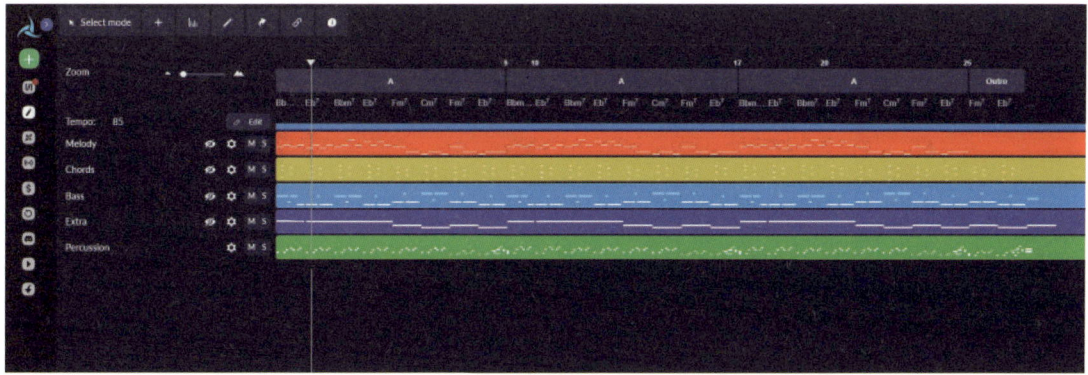

얼마 전 롯데리아의 불고기버거와 새우버거 CM송을 AI를 활용해 만들어서 화제가 되었다. 불고기버거의 사진을 활용해 AI가 음악을 생성해 내고 후보곡들을 소비자들이 투표한 다음 아티스트들과 함께 마무리해서 제작했는데 그때 활용한 AI 서비스는 허깅페이스의 image-to-MusicGen 서비스이다. 허깅페이스 (https://huggingface.co/)는 미국의 인공지능 스타트업으로 개발자는 여기에 공개된 머신러닝 레퍼런스를 통해 최신 모델을 스스로 구축. 배포->리뷰->수정 단계를 거치도록 형성하는 오픈 소스 커뮤니티라고 할 수 있다. 다양한 모델들이 있으니 활용해 보아도 좋겠다.

출처:롯데리아

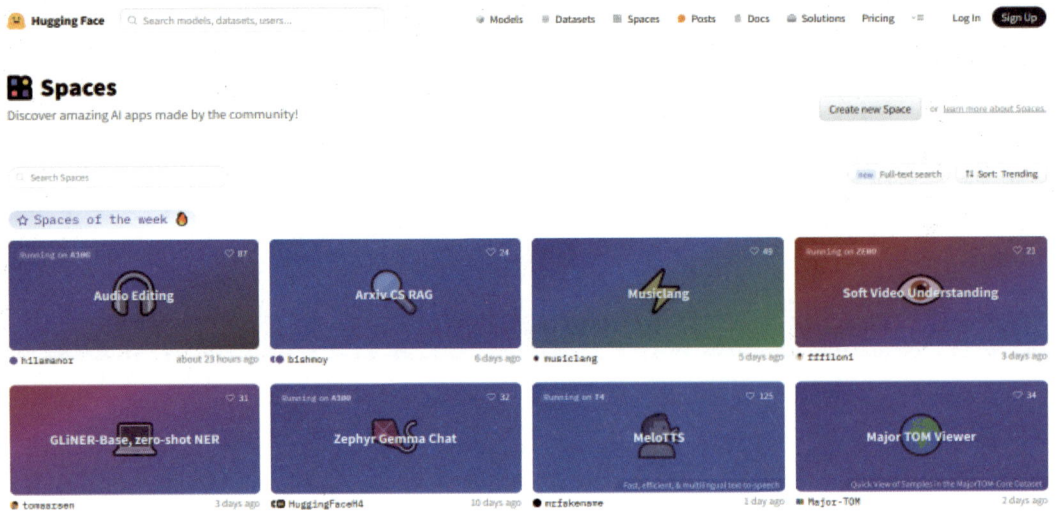

배스킨라빈스에서는 서울 강남구 도곡동에 '워크샵 바이 배스킨라빈스'를 열고 chatGPT를 활용해 신제품 아이디어를 구상하고 생성형 AI로 제품 비주얼까지 그려내는 등 AI와 함께 효율성을 높이고 실험적인 서비스를 진행하고 있다.

롯데, 현대백화점 등에서는 미국 프로농구 75주년 기념 전시에 생성형 AI를 통해 나만의 신발을 디자인할 수 있는 체험공간을 준비하기도 하는 등 모든 업계에서 생성형 AI를 활용한 다양한 아이디어를 내고 시범운영하고 있다.

다양한 생성형 AI를 활용해 업무에 활용도 하고 나만의 새로운 아이디어를 접목해 보는 시대가 된 것이다.

책을 읽은 모든 사람들이 이 책에 나온 여러 가지 플랫폼들을 직접 활용해 보고 내 것으로 만들어서 AI 시대에 잘 적응하고 살아나갈 수 있도록 좋은 길잡이가 되길 바란다.

왕초보자도 누구나 가능한
GPT로 코딩하기

지은이 : 김수미
펴낸이 : 이영선
펴낸곳 : 이영선창작스튜디오
출판신고 : 2011년 9월 16일(제2011-000022호)
주소 : 충남 아산시 배방읍 장재로 24번길 6-11번지 1층
전자우편 : youngsunlee@hotmail.com

발행일 : 2024년 04월 15일
정가 : 20,000원
ISBN 979-11-958532-5-0 03500

* 이 책은 저작권법에 따라 보호받는 저작물이므로 무단 전재와 무단 복제를 금하며,
이 책 내용의 전부 또는 일부를 이용하시려면 반드시 저작권자와 출판사의 서면 동의를 받아
야 합니다.